U0113182

天一阁古籍修复技艺

天一阁古籍修复技艺

总主编 陈广胜

浙江省非物质文化遗产代表作丛书

浙江古籍出版社

马灯翠　李洁莹　李贤慧　编著

前 言

浙江省文化广电和旅游厅党组书记、厅长 陈广胜

　　中华文明在五千多年的历史长河里创造了辉煌灿烂的文化成就。多彩非遗薪火相传，是中华文明连续性、创新性、统一性、包容性、和平性的生动见证，是中华民族血脉相连、命运与共、绵延繁盛的活态展示。

　　浙江历史悠久、文明昌盛，勤劳智慧的人民在这块热土创造、积淀和传承了大量的非物质文化遗产。昆曲、越剧、中国蚕桑丝织技艺、龙泉青瓷烧制技艺、海宁皮影戏等，这些具有鲜明浙江辨识度的传统文化元素，是中华文明的无价瑰宝，历经世代心口相传、赓续至今，展现着独特的魅力，是新时代传承发展优秀传统文化的源头活水，为延续历史文脉、坚定文化自信发挥了重要作用。

　　守护非遗，使之薪火相续、永葆活力，是时代赋予我们的文化使命。在全省非遗保护工作者的共同努力下，浙江先后有五批共241个项目列入国家级非遗代表性项目名录，位居全国第一。如何挖掘和释放非遗中蕴藏的文化魅力、精神力量，让大众了解非遗、热爱非遗，进而增进文化认同、涵养文化自信，在当前显得尤为重要。2007年以来，我省就启

动《浙江省非物质文化遗产代表作丛书》编纂出版工程，以"一项一册"为目标，全面记录每一项国家级非遗代表性项目的历史渊源、表现形式、艺术特征、传承脉络、典型作品、代表人物和保护现状，全方位展示非遗的文化内核和时代价值。目前，我们已先后出版四批次共217册丛书，为研究、传播、利用非遗提供了丰富详实的第一手文献资料，这是浙江又一重大文化研究成果，尤其是非物质文化遗产的集大成之作。

历时两年精心编纂，第五批丛书结集出版了。这套丛书系统记录了浙江24个国家级非遗代表性项目，其中不乏粗犷高亢的嵊泗渔歌，巧手妙构的象山竹根雕、温州发绣，修身健体的天台山易筋经，曲韵朴实的湖州三跳，匠心精制的邵永丰麻饼制作技艺、畲族彩带编织技艺，制剂惠民的桐君传统中药文化、朱丹溪中医药文化，还有感恩祈福的半山立夏习俗、梅源芒种开犁节等等，这些非遗项目贴近百姓、融入生活、接轨时代，成为传承弘扬优秀传统文化的重要力量。

在深入学习贯彻习近平文化思想、积极探索中华民族现代文明的当下，浙江的非遗保护工作，正在守正创新中勇毅前行。相信这套丛书能让更多读者遇见非遗中的中华美学和东方智慧，进一步激发广大群众热爱优秀传统文化的热情，增强保护文化遗产的自觉性，营造全社会关注、保护和传承文化遗产的良好氛围，不断推动非遗创造性转化、创新性发展，为建设高水平文化强省、打造新时代文化高地作出积极贡献。

目录

古籍修复，历史悠久，目前发现最早的文字记载出自北魏贾思勰撰写的《齐民要术》，内有《染潢及治书法》卷"书有毁裂，郦方纸而补者"诸句，迄今已有 1500 多年的历史。有学者指出老子担任周室的守藏室史的检书，或更早的先人在甲骨简册上的重新穿线、在绢帛上修改挖补等也是早期修书的一种表现。众说纷纭，无一定论。然彼时所修，终非我们传统意义上的书籍。

汉唐时期，纸张被广泛使用，然古籍的装帧形式以卷轴为主，如目前存世较多的敦煌遗书、唐写本等，是时古籍修复与装裱技艺难以区分。古人用"装潢""修书""修补""重装""装""装订""装修"等字词表述修书，其中"装潢"一词使用最多、最广、最久，也是世人公认的一个词。即便唐宋雕版印刷出现，书籍与字画的装帧形式出现了两种极为不同的发展过程，但"装潢"一词仍一直广泛通用于修书领域，一直到清末民国依然常见。明朝周嘉胄的《装潢志》就是一部典型的书画装裱和古籍修复共通的理论著作，该书前讲装裱技术，后讲册页、碑帖修复，技艺中又将装裱与修书统称为"装潢"，实乃一奇，体现了前人的智慧。故修书一业，实属装潢技艺中延伸出来的重要分支。

古籍修复，主要有三大职业特性。一是修书人之间往往有家族或师徒的传承。古代修书与刻书、印书、刻碑等职业一样，匠人习气很重，靠家族或师徒之间的纽带勾连，通过"传""帮""带"的形式将技艺口口相传，一代传一代，这也是修书行业较大的特征。由于此原因，古籍修复产生了很多的流派，如京派、沪派、苏派、扬派、蜀派、徽派等等，为我国传统文化的保护作出了杰出的贡献。但由于各流派之间，交流不广，私密性强，加之时局动荡、传承人流失等原因，很多流派湮没在历史长河中，一些独特的修书技艺未能得以流传下来，令人痛惜。

二是职业要求高，史上有不少行家里手。修书虽是匠人，在古代政治地位不高，但职业要求是很高的。周嘉胄称："装潢优劣，实名迹存亡系矣。窃谓装潢者，书画之司命者。"修书要具备"补天之手，贯虱之睛，灵慧虚和，心细如发"的职业特征。周嘉胄还特别提出："不遇良工，宁存故物。""苟欲改装，如病笃延医。医善，则随手而起，医不善，则随剂而毙。"故修书的职业要求在古今都是很高的，是一个化腐朽为神奇的工种。明代大家宋濂曾提及一位名叫金永的修复师，称他善装潢之艺，且鉴别名画绝精，以运笔柔劲，设色明晦，定其久近真伪。他的作品是大家的抢手货。

三是依赖性强，附属性高。修书一业，匠人属性明显。忙时，往往受聘于宫廷官方、士大夫之流或收藏家等，有少数藏家也供养一批书童或家奴用以修书。宋朝有一位晏裱褙的人称："余之艺，理新易，缉旧难，于缉旧之间，缀理经笈，则巧敏于富贵之门，而拙钝于寒畯之屋。"闲时，大多数人或从事装裱书画，或兼职于刻书、印书。良工能手毕竟是少数，绝大部分人还是流于匠人一列。故而他们中地位高者极少，而能够在青史留名的则少之又少。据不完全统计，从唐至民国之前，书中记载，或留有记录者，即便加上装裱之手，亦不足百人，其中较知名的当为南宋张择端《清明上河图》上有题名留下的汤卿。

范氏天一阁建于明嘉靖年间，以藏书立阁，以收藏明代文献名闻天下。嘉靖时期，是我国藏书、刻书、印书非常活跃的时期。加上嘉靖时期的复古运动，很多宋元及之前的典籍被挖掘出来，不少藏书家又热衷于古本收藏，王世贞之流又热衷于书籍装潢艺术，这些在一定程度上推动了古籍修复事业的成长和快速发展。明朝朱国祯曾在《涌幢小品》中记载当时修书人的忙碌情景，说他们"往来诸书肆及士人家"之间。

天一阁创始人范钦，与王世贞交好，订有书籍互抄之约。范钦除了藏书外，也喜欢收集一些宋元古本，除修缮外，还将古本重新翻刻，赠送友人及藏家。据记载，范钦生前聘请的刻工最多时达四十余人，这些人名都能在《天一阁集》中一一梳理，而帮其修书的工匠却未留下名讳，难以作具体的考证。

自范钦以后，天一阁历经十三代薪火相传。守藏是范氏的第一责任，为能使收藏保存下去，还订立了很多的家训家规。范家每年在农历六月初六前后，都会组织族人聚在一起检书、晒书、读书。抓抓虫、修修书籍断线是常态。而书籍修补一事，反而不是重点，未留下太多的史迹记录。这恰恰给天一阁留下了一个重要的原生态宝库。据加拿大图书馆及复旦大学的一些专家考证，天一阁无论是包背装的装帧形式，还是书籍的封面、纸张等方面都保持了明代最原始的特征，是明代文献和明代纸张第一手的样本。有专家指出，如果将天一阁原藏书中的纸张纤维加以数字化分析和科学研究，可以建立一份重要的明代纸张数据档案，这是天一阁对中国书史的重要贡献之一。

天一阁近代意义上古籍修复的发端，源于 20 世纪三四十年代。当时天一阁因台风刮倒了书楼东墙，范氏族人无力重修书楼。以冯贞群为代表的鄞县文献委员会暂时接管了天一阁的管理工作，除了开展日常维修外，委员会还主持全面清理了天一阁藏书，重编了目录。日本投降后，委员会还在继续发挥作用，这期间聘请了一些修书人修复了一部分天一阁的破损藏书，目前我们可以看到严春航先生的修书记载。严春航与蒋连福、柴卝三位修书匠在民国宁波圈内都是很有名的修书人，他们常年在一起给当地的藏家修补破损、虫蛀和处理发霉的古籍，除天一阁外很多当地藏书家如冯贞群伏跗室藏书、朱赞卿的别宥斋藏书都有他们修书的记录。严春航在天一阁工作的三年中，为天一阁修复了明代方志、科举录等一批重要的文献。

　　1959年，著名藏书家周叔弢和文物学家徐森玉二位先生在全国人大上联名提案，建议开办"古籍修复培训班"，获政府及相关部门采纳。在北京图书馆等单位的大力支持下，1961年7月、1964年1月分别举办了二期"装修古旧线装图书技术人员训练班"，每期培训时长二年。天一阁的洪可尧同志参加了第二期的培训。此后天一阁在古籍修复方面进入了传承有序的年代，培养了一代又一代的修书人，出现了一批又一批从事古籍修复的职业修书人。

　　2007年，国家启动了古籍保护计划，开始系统地培养古籍修复人才。全国古籍修复人才也得到了长足的发展，全国从业人员从最初的100人至目前的1000人左右。天一阁的修复人员也达到了十余人。天一阁成立了"文物修复中心"，并于2022年承办了第十一期全国古籍修复技艺培训班。修复人员也不再是古人眼中的匠人，而是"非遗传承人""非遗大师""文物修复师"，地位和待遇都发生了极大的变化。随着中共中央办公厅、国务院办公厅印发《关于推进新时代古籍工作的意见》发布，古籍保护工作迎来了又一个春天。古籍修复工作从故纸堆中、从千百年的历史中走来，成为我们国家一项非常重要的非遗文化传承项目，走在了新时代的前列。

　　今文物修复中心诸君，集古汇编，撰述是书。书成，凡四章，或书历史渊源，或述修复工艺，或言传承与保护，详考天一阁修复事业发展源流、人物事迹、大事记等，是我院专家首次对天一阁修复历史、理论与工艺的一次系统性总结，体现了天一阁独特的发展脉络及文化传承，幸事一件矣。

天一阁博物院副院长　饶国庆

一、概述

天一阁古籍修复技艺是宁波历代藏书家，特别是天一阁范家在藏书、护书过程中，基于江南独特的地理与气候环境，经不断尝试、比较、积累而形成的地域特色鲜明的独特技艺。

一、概述

我国藏书历史源远流长，造纸术和印刷术的快速发展，使藏书文化的兴盛时期由宋代绵延到清朝末年，由此派生了包括购置、校勘、装帧、典藏、抄补、传录、保护、修复等一系列活动。

宁波历史文化深厚，历来是私家藏书重地。由于气候潮湿，书籍易受潮湿、水浸、霉变等病害，也促进了古籍修复技艺在宁波的繁衍和发展。天一阁古籍修复技艺是宁波历代藏书家，特别是天一阁范家在藏书、护书过程中，基于江南独特的地理与气候环境，经不断尝试、比较、积累而形成的地域特色鲜明的独特技艺，并在传承发展中，逐渐形成了针对江南潮湿环境的古籍虫蛀、霉变、板结等修复方法，技艺精细，风格典雅，选材严谨，修复成品富有江南书卷气息。技艺的传承最大限度地保护了阁藏珍贵典籍，为江南地区古籍的保护与修复提供了从未间断的范本，也是中国藏书文化绵延不绝的重要见证和有力支撑，在"诗画浙江"的建设中发挥积极作用，也推动了中华优秀传统文化在世界的传播。

[壹] 人文背景

1. 宁波的人文地理

宁波简称"甬",是国家级历史文化名城,长江流域中华文明7000年河姆渡文化的发祥地;中国大运河南端出海口、"海上丝绸之路"的起航地,中国古代连接世界、沟通陆地与海洋的交汇点和核心枢纽;明清时期中国"阳明学说"与"浙东学派"学术思想的诞生地与发展重镇;近现代中国对外开放与反殖民、反封建和民主革命、社会变革的前沿。这里水陆交汇,江海连通,商贸

天一阁博物院入口

物流发达，多元文化交融，是中外物质文化汇流的枢纽。绚烂悠久的文明历史与积淀丰厚的文化遗存，铸就了宁波鲜明的港口城市文化特质，留下了精彩纷呈、厚重独特的历史文化遗产。绵延的历史长河使宁波不可移动文物数量位居同类城市前列，各类可移动文物收藏数量位列浙江省前茅，也造就了宁波丰富多彩、斑斓多姿的非物质文化遗产。

唐代开始设明州，建子城，为其后一千多年宁波城市的发展奠定了基础。同时，宁波依赖地理优势成为全国最大的开埠港口，与日本、高丽均有非常频繁的贸易往来，成为海上丝绸之路的出发地。唐贞观年间，明州凿成日月两湖，其后月湖成为宁波的文化重地。宋代，以王安石为代表的一批大学者使得宁波开始确立"耕读传家、商儒并生"的传统，曾巩知明州后，疏浚月湖，使月湖成为明州的学术中心，其后四明学派开始出现，促进了宁波藏书文化的崛起。明代中国沿海地区海禁，实行朝贡贸易，规定"宁波通日本，泉州通琉球，广州通占城、暹罗、西洋诸国"，因此宁波贸易繁荣，"礼俗日盛，家诗户书，科第相继，间占首选。衣冠人物甲于东南"（成化《宁波府志》）。明代宁波是浙江各府中考取进士最多的地区，藏书文化得到进一步发展，由此随藏书派生了包括购置、鉴别、校勘、装帧、典藏、抄补、传录、刊布、题

天一阁善本库

跋[1]、用印、保护、修复等一系列活动。

　　宁波地处东南沿海，属亚热带季风气候，水脉丰富、降雨量大，属于典型的江南水乡兼海港城市，常年环境潮湿、适合微生物繁殖，因此所藏古籍较北方多虫蛀、鼠咬、雨淋、霉变等问题，进一步促进了地域特色鲜明的古籍修复技艺在宁波的繁衍和发展。

2. 宁波藏书之风

　　中国藏书历史悠久，至宋元时期，藏书文化大放异彩，创造性地开启了目录学、版本学、校勘学等藏书整理编目活动。两宋时宁波有记载的藏书家多达30余位，开宁波藏书风气之先。明代

---

[1]题跋：对底本内容、版本源流及其价值等所作的评述、鉴赏、考订、记事等文字的统称。

天一阁

刻书业发达，书肆书商出现，使藏书达到又一个高峰。据统计，明代藏书家869人，清代1970人，集中分布在江苏、浙江、山东、福建，其中江浙两省占到64.9%，宁波有记载的藏书家达62位之多，史籍明确记载藏书量在万卷以上的有金华家藏书、丰坊万卷楼、范钦天一阁、陈朝辅四香居和陆宝南轩，其中以万卷楼与天一阁最为有名。

清代造纸与印刷技术进一步提高，教育、科举发达，使清代藏书在继承明代藏书传统的基础上，继续繁荣发展，达到高峰。

浙东地区黄宗羲讲学甬上，创立浙东学派，倡导藏书与治学相结合的新风，成为甬上藏书文化的一大特色。其次由于清修《四库全书》对天一阁的宣传，为宁波藏书家树立了榜样，大大刺激了宁波藏书事业的发展，使其藏书家数量、藏书规模以及藏书的内容都得到了很大的提高，形成了独特的风格和特征。近代以来，随着西方公共图书馆概念的引进和实践，公藏逐渐发展为中国近代藏书文化的主流，私人藏书相对退居次要地位并趋于衰落，由于战乱及生活所迫，藏书旋聚旋散，很多名家旧藏及精椠秘刊，最终都化私为公。江浙一带由于传统的深厚及战乱后经济的快速恢复，私人藏书之风渐复，成为全国私人藏书最为发达的地区之一。宁波私人藏书在万卷以上者达 15 家，其中张季言樵斋、冯贞群伏跗室、朱鼎熙别宥斋、孙家溎蜗寄庐、杨容林清防阁、袁梅堂静远山馆藏书都先后捐赠给了天一阁。

"东南财赋地，江浙人文薮"，浙东地区人文荟萃，藏书文化源远流长，然而，近五百年，海内书楼俱存的藏书之家，唯天一阁岿然独存。昔日一代大思想家黄宗羲就以登上天一阁为荣，发出"读书难，藏书尤难，藏之久而不散，则难之难矣"的惊世之叹。近代以来，宁波的藏书家们尽心搜罗，所得珍品不计其数，现多藏于天一阁，使天一阁"人间庋阁足千古，天下藏书此一家"。至此，天一阁已不仅仅是天一阁，还成了宁波藏书文化的缩影。

[贰] 历史渊源

1. 天一阁藏书及传承

天一阁位于月湖西岸，由明兵部右侍郎范钦建于嘉靖四十年至四十五年（1561—1566）之间，是亚洲现存最古老的私家藏书楼。范钦酷爱书籍，喜好读书、聚书、藏书、抄书、刻书，他手订《范氏奇书》并刻书版印制，当时留有姓名的写工和刻工多达30余人，可见刻书的规模。

范钦像

范钦后的十三代人，天一阁饱经忧患，虽尽力保全，但文献多有散失。中华人民共和国成立后，宁波市人民政府委派专人加强对书楼的管理，陆续收回散失古籍3000余卷，同时设修书员进行藏书的修复工作、加强防火管理等，使天一阁藏书得到妥善保管。许多著名的藏书家也先后将珍藏的古籍、字画、碑帖等珍贵文献捐赠给天一阁。根据2017年全国可移动文物普查结果，天一阁登记藏品22万件，藏品数量在全省排名第2位，无愧是我国古籍文献的珍贵资源宝库。

天一阁作为中华宝贵文化遗产的重要组成部分，是中国藏书文化绵延不绝的最好见证，其意义已经超越了藏书文化这一范围，形成的既弘扬中国藏书文化优良传统又具有独特风格的文化特色，对中国藏书文化的贡献，以及对图书馆的影响，可谓独领风骚，意义深远。

2. 天一阁古籍修复技艺的发展历史

（1）中国古籍修复技艺概述

古籍修复是一门技术，这里的古籍，是中国古代书籍的总称，一般特指纸质古代书籍。北魏贾思勰所著的《齐民要术》，是记录古籍修复的最早文献，其中提到了"染潢及治书法""雌黄治书法"。其《杂说第三十》论述如下："书有毁裂，郦方纸而补者，率皆挛拳，瘢疮硬厚。瘢痕于书有损。裂薄纸如薤叶以补织，微相入，殆无际会，自非向明举而看之，略不觉补。裂若屈曲者，还须于正纸上，逐屈曲形势裂取而补之。若不先正元理，随宜裂斜纸者，则令书拳缩。"从中亦可以想象到当时修复技术的细致和高超。

唐以前，由于古籍装帧形式以卷装为主，古籍修复与书画修复密不可分。到了唐代，朝廷在弘文馆、崇文馆里都设有专职的熟纸匠、装潢匠，专职从事宫廷中修复装裱工作，唐代张彦远撰写的《论装背裱轴》（《历代名画记》卷三），宋代米芾著作的《论

装裱》都有所记载。宋代以后，随着印刷术的发展，书籍的装帧形式有了很大的改进，卷轴字画的装裱修复和册页书籍的装订修复分工逐渐明显，字画装裱和修复多在裱褙铺，而书籍的装订和修复则集中在书铺、书肆、书坊等书籍经营场所，自此古籍修复与书画修复分离，独自蓬勃发展，成为一门单独的技艺。

明清两代，民间的图书装裱行业不断发展，在文化发达的城市，除书肆、书铺外，还有"裱褙胡同"，许多从事图书、字画修复工作的人聚集在一起，形成独特的聚集区域。随着古籍修复技艺的发展，古籍修复流派也逐渐形成。

由于长久以来，古籍修复技术被认为是"雕虫小技"，不能登大雅之堂，因此在古代文献中很少有记载。各时期古籍修复的叫法亦不统一，至清代，仍称为"装""装潢""装治"等。如日本宫内厅书陵部藏宋刊巾箱本《重广分门三苏先生文粹》，卷一百末有跋"正统丙寅孟秋重装于金谿义塾"，应是明正统十一年（1446）改装记载。清代著名藏书家黄丕烈，专事收藏、校雠和著述，所藏古今善本、秘本、珍本极为丰富。其所得珍稀古书，多请名手修复，家中亦常年请护书工人修复古籍，其题跋中提到姓名的修书人员多达6位，也称修复为"装潢""装池"等。如宋刻钞补本《事类赋》记："余家古书装潢皆出工人钱瑞正手，性甚迂缓，如取归装成，动辄半年，故戏以'钱半岩'呼之。"钞本《近事会元》

跋："是册装池尚出良工钱半岩手。"钞本《竹斋诗集》跋："归命内侄丁竹浯手为补缀，加以装池。本书尚全，唯首尾有缺，当续求别本足之。"

清末至民国期间，由于社会动荡，民不聊生，许多私家藏书楼相继式微，裱褙铺、书店等急剧萎缩，古籍修复事业每况愈下，从业人员数量也不断减少。中华人民共和国成立后，古籍保护事业重新振兴起来。天一阁的古籍修复工作也是在这一时期发展壮大的。

（2）天一阁古籍修复技艺的历史沿革

天一阁古籍修复技艺自明中期开始，历经清代、民国至当代，其发展传承历史亦是中国藏书文化的重要见证。明清两代，天一阁古籍修复技艺主要以天一阁为核心，和江南地区的各个藏书楼、私塾、府学、刻书坊、抄书坊等共同开展古籍装订修复活动。

①明代

宁波地区的古籍修复技艺可追溯至五代，据天一阁藏《吴越备史》（清康熙十七年燕喜堂刻本卷三第9页）载，当时慈溪大隐村林鼎（891—944）"所聚图书，悉由手抄，其残编蠹简，亦手缀之"，说明藏书修复早已有之。天一阁古籍修复技艺至迟在明嘉靖年间已在当地流传，至今已有450余年历史。天一阁藏范钦手订丛书《范氏奇书》及其书版，留有姓名的写工和刻工多至30余人，

《稽古录》刻工 25 人，范钦去世后，其子范大冲印《天一阁集》，留有姓名的刻工 19 人，可知当时刻书已具有相当规模。刻印书叶后还需裁切、装订等多道工序方可成册，实证当时天一阁有一批修复匠人的存在。

馆藏《文献通考》（明正德刊本）及《隆庆元年丁卯科山西乡试录》（明隆庆刻本）均为天一阁原藏书，从未出阁，装帧形式包背装[1]，为典型明代装帧形式，封面衬叶为万历年旧纸。由于新书装订一般不用旧纸衬，可推断此书为明代修复。原藏书中还有多套古籍有封面改装痕迹，均是天一阁明代有修书活动的实例。

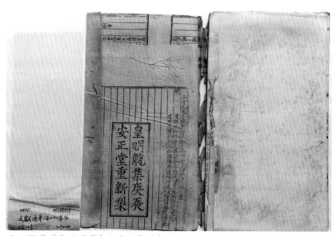

天一阁藏《文献通考》（明正德刊本）

---

[1] 包背装：将书叶无字的一面对折，折边朝左，余幅朝右形成书背，再打眼，用纸捻把书叶装订成册，然后用一张书皮包裹书背的装帧形式。

②清代

明末清初时期，天一阁藏书不再作为财产分配，而归子孙共同所有，因此制定了与家族公有制相适应的严苛管理制度，如子孙齐集方得开锁、不得无故开门、不得私领亲友登楼参观和擅开书橱等，其目的是做到书不出阁，防止藏书为个人所占有。这些严格的规定，虽然成了数百年来藏书不被瓜分的重要保证，但是天一阁长期处于封闭状态，阻碍了藏书事业的发展。

清康熙年间，范光燮引导黄宗羲破例登阁，使天一阁持续一百余年之久的禁遏政策有所改变，从此天一阁进入了新的历史阶段。阁存二种康熙年间书籍传抄档册显示，范光燮凭胆识和氏族中的长者地位，又组织了一次较大规模的对外传抄书籍活动，以分房包干的办法累计传抄45770页。传抄后的书叶需装订成册，因此阁中应该有装订、修复师傅协助工作。

乾隆以后，天一阁书籍逐渐由入藏转向散出，但宁波私家藏书日趋繁荣，藏书家和藏书楼数量更是蔚为大观。同时，宁波藏书家"藏以致用"的藏书理念，使宁波藏书文化呈现出"恣其阅览、传抄切磋、校勘考订、刊刻印行、著书立说、赠送进呈"等特点，藏书在搜集、整理、保管等环节中，亦离不开藏书的修复保护，进一步促进了古籍修复技艺的完善及发展。由于历代修复匠人无署名的习惯，且年代久远，明清两代的传承人姓名已无法

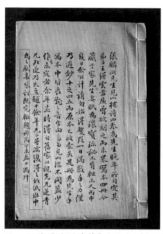

天一阁藏《麟洲诗草》（冯贞群捐赠）

考证，但修复技艺一直口手相传。

　　冯贞群是近代浙东著名藏书家和文献家，家设藏书楼伏跗室，所藏图书多达十二万卷，并对古籍文献深有研究，擅长校勘，喜作考订，张寿镛《民国鄞县通志》记载冯贞群之藏书事，常常是将新增的古籍"一一罗列室中，手披目览，脱误虫伤，即为补治"，据长孙冯孔豫回忆，家中修复匠人多至8人。20世纪30年代后，冯贞群任重修天一阁委员会交际主任，积极寻访天一阁流散书籍归阁，同时先后两次将伏跗室已经入藏的天一阁散出原藏书及天一阁刻本共二十二种还藏天一阁。1962年，伏跗室全部藏书和书楼捐赠给国家。目前天一阁馆藏的伏跗室藏书中，有多册古籍保留清代修复痕迹和题跋。如《麟洲诗草》八卷（清张翊儁撰，稿本），封面存冯开题跋，云："张麟洲先生《见山楼诗》四卷，为先生晚年所自定。其弟子王缦云孝廉曾欲刻之而未果。写本四册，今藏于家。先生妻视为瑰宝，珍秘不肯轻示人。丙申夏日，余百计请丐，始得暂假一日，竭数手之力，仅乃遴钞十之四五，而原本已被索矣。是册为先生手写本，中皆丧乱之音，字句多与《见山楼》不同，盖少作之未定者。余年十七时得自旧家，以视先兄莲青。兄死，遂乃失之。越十余年，兄子曼孺复得之故纸堆中，为之剧喜，装订既完，辄题册端。丁未（1907）春日冯开。"

冯开为伏跗室主人冯贞群的叔父。莲青，名鸿熏，贞群父。曼孺，贞群号。由题跋可知，《麟洲诗草》为翊傂手稿，先为冯贞群父亲莲青先生藏，后流散，然机缘巧合，最终此稿又被冯贞群所得。此书上册前几页书角残缺，小修，整书溜口；下册虫蛀，小修。

《李长吉歌诗补注》（清史荣补注，稿本），乙酉冬日（宣统元年），冯贞群以重价向王奎后裔处得之。冯氏题跋云："第二册早为鼠啮，斗瞻曾四易稿补之，旁注涂抹，颇费寻绎。余并得鼠啮残本，零星碎砾，裹以故纸，乃竭一月之力，排比补缀，写定清本。虽稍有脱失，然文从字顺，十九可读矣。曩年张约园之刻《四明丛书》也，来访先贤稿本，乃出是书。约园以全书繁重，刻印匪易而罢。"此稿因卷帙浩繁而未付梓，冯贞群为保存文献，特另

天一阁藏《李长吉歌诗补注》（冯贞群捐赠）

抄一部珍藏，以示宝贵。此书虫蛀破损严重，整托修复。

③民国至当代

民国后，范氏家族式微，鄞县文献管理委员会参与管理，当时的会议记录中保留了大量关于修书的记录，说明此时天一阁古籍修复技艺依然传承。但此时天一阁古籍修复技艺扩展辐射区域不大，主要以修复天一阁藏古籍为主，还服务于宁波地区藏书家。据老一辈管理人员介绍，当时主要传承人是严春航。如1924年10月12日，《重修天一阁委员会第十九次会议记录》："冯委员孟颛提，阁中典籍，书衣多脱去，蠹伤水渍，不可胜计，拟编目完成后，加以装修并加配夹板案。议决通过。"1936年7月，《范氏天一阁管理委员会抄书规则》第一条："本阁藏书除霉烂破损未经修补完竣者外，概许抄录。"馆藏《明史稿不分卷》(清万斯同等撰，稿本)跋：有万季野先生《明史稿列传》十二册……1934年，周氏携稿至金陵……属有天幸，归于余箧。……室有良工，精装一过。此书原为毛装，版本大小不同，经补破、修复后，采用金镶玉装帧形式统一了书册尺寸。

中华人民共和国成立后，宁波市人民政府委派了专职干部加强天一阁的管理工作，文物管理部门贯彻执行国家"重点保护""古为今用"的方针，陆续收集散存在民间的天一阁原藏图书三千多卷，还继承了合理的传统制度，加强防火管理，使藏书得到妥善保管。由于政府对文物、图书的重视及人民对政府的爱戴和信赖，许多收藏家纷纷将私人所藏的文物、图书捐献给国家，天一阁由于已由国家管理，遂以其深远而广泛的文化影响，自20世纪50年代以来，一直是宁波藏书家捐书的去处，成为宁波私家藏书的汇聚中心。至此，现藏的三十余万卷天一阁博物馆藏书，实际上是由宁波地区藏书之家的藏品重新构建而成的。以范氏天一阁为代表的私家藏书百川归流，代表着我国藏书家钟爱典籍、化私为公的恢宏文化胸怀，为保存和弘扬中华民族优秀的藏书文化做出了无私的奉献。天一阁古籍修复技艺也逐渐集中在天一阁博物馆内，开启蓬勃发展新纪元。

目前中国国家图书馆对古籍的界定为："成书在辛亥革命以前，

传承群体

而又具有古典装帧形式的书刊资料。包括写本、稿本、抄本、手稿、墨迹、印本、拓本、拓片、钤印本等等。"其判定古籍的两个条件，一是成书时间在辛亥革命以前，二是书籍要有古典装帧形式，两者缺一不可。对于古籍修复部门，古籍所包含的内容更加广泛，实际修复过程中，部分书虽然成书时间较晚，但使用的是中国古典装帧形式，因此修复时也需要使用古籍修复技艺。

历年来，天一阁文物修复中心主要负责馆藏古籍善本的修复保护，根据馆藏文物保护需要，也修复档案文书、碑帖拓本、文件、宣传品等纸质文物。由于翰墨一体、书画同心，天一阁的古籍修复师大都掌握书画装裱修复技艺，同时做好馆藏书画修复保护工作，也协助其他单位完成纸质文物保护项目。

［叁］特点价值

1. 主要特征

①修复选纸严格。因修复需求，发现、完善、推广了棠云纸，使之成为目前国内古籍修复主要用纸之一。

古籍修复技术主要是使用纸张与黏合剂等材料，运用修补技法，对破损纸质古籍进行修复的技术，其主要特征是用纸张加固纸张，因而修复用纸的理化性能和质量会直接影响修复古籍的质量和古籍寿命。从文物修复的原则来说，应该尽量选用同种材料加以修复，以保持强度、外观上的一致，延长修复周期，因此根据待修复古籍的纸张质地、纤维成分、厚度、色度、帘纹等，宜选配与修复本体相同或类似的纸张作为修复用纸。天一阁馆藏以明、清珍贵善本为主，为了寻找合适的修复用纸，天一阁修复人员四处寻访，然而随着工业时代的到来，手工古法造纸逐渐被机械造纸取代，修复人员在全国遍寻古籍专业用纸，均一无所获。

在研究地方志时，修复人员发现，宋以后浙江是中国造纸的中心，而奉化的棠云村有着悠久的造纸历史。20世纪80年代，棠云竹纸被省土产公司统一收购，成为当地农民脱贫致富的主要途径，不过20世纪90年代已基本停产。

　　随后修复人员到棠云村寻访，并协助袁恒通共同研制修复用纸。天一阁提出纸张厚薄、颜色、配方和纤维构成等各方面要求，提供技术支持，袁氏负责造纸。为了增加感性认识，还邀请袁恒通来天一阁翻阅馆藏古籍，为他介绍古籍用纸的特点。经过不断的探索、试验、研究，终于造出了修复古籍的专用纸。

　　2012年，天一阁参与联合国教科文组织《东亚纸张保护方法和纸张制造传统》项目，项目组实地调查了奉化棠云传统手工造纸工艺，通过图片、影像及书面材料等获取了一系列准确的专业数据。项目结果显示，棠云纸的整套造纸工艺古老且保存完好，与宋应星《天工开物》所载造纸法基本相同，堪称是蔡伦所创的造纸术的活化石。检测数据表明，棠云纸纸张纤维组织紧密均匀、厚薄一致，白度自然，不易老化返黄，强度较大而不失柔软性，纤维紧密立体，能与黏着力稍差的糨糊很好地贴合，是优良的古籍修复用纸。

　　如今袁恒通生产的竹纸，被专家命名为"棠云纸"，除直接供应天一阁古籍修复用纸外，还走进了国家图书馆及各大省区市图书馆、博物馆，成为各单位古籍修复首选用纸。

　　②拆揭技法多样。针对江南特殊的潮湿环境而造成的虫蛀、霉变、板结等病害，形成了干揭、湿揭、蒸揭、粘揭4种拆揭手法。

干揭

湿揭

蒸揭

粘揭

　　南方气候潮湿，雨水充沛，相对于北方干燥地区，南方地区的古籍病害多呈现以下特点：一是虫蛀在古籍上出现圆形或曲线形蛀洞，多数呈贯穿状，即蛀洞从书的封面贯穿到封底。二是遭受水浸、雨淋情况较多，书页多水渍、易粘连。三是霉变病害严重，大部分霉菌以古籍纸张的糨糊胶质为营养不断繁殖，不但改变了纸张的纤维结构，还引起了纸张变湿发黏，直至书叶板结或腐烂。针对书叶霉变、粘连、板结病害的严重程度及纸张特点，天一阁形成了干揭、湿揭、蒸揭、粘揭4种拆揭手法，尽量避免对古籍造成伤害。

　　③补破技法独特。借鉴书画修复的技法，对破损严重、纸张脆化、絮化等状况，采用湿补法、托纸加固法、隐补法等有效修复技法。

　　天一阁除收藏大量珍贵古籍外，还收藏有大量名人字画、历代碑帖拓本等，正是由于如此丰富的纸质文物馆藏，天一阁古籍与字画修复从未间断，因此天一阁的修复人员在古籍、书画、文书修复及碑帖传拓镶衬等纸质文物修复方面均能得心应手。修复人员借鉴画芯修复中碎补、整补、镶补等修复技法，针对破损严重、纸张脆化、絮化等病害，创造性采用湿补法、托纸加固法、隐补法等进

干补

湿补

托纸

隐补

天一阁藏《寰宇通志》

行修复，使各种病害的书叶在修复后均能达到平整洁净、不缩不皱的质量要求，进一步提高了古籍修复质量与修复效果。

④装帧典雅大气。书皮选色内敛，书册柔软平整，具有江南书卷气。

古籍修复技术从书画装裱技术中分离而来，其流派虽然不像书画修复南北流派风格明显，但在装帧形式、修补技法方面，亦有南北差异。天一阁古籍修复技艺作为江南地区古籍修复的高水准代表，其技艺精细、风格典雅，修复成品极具江南书卷气息。

天一阁藏明代抄本、刻本均以包背装为特色，其中天一阁抄本所用白绵纸质地柔软白而细腻，通常采用朱丝栏、蓝丝栏或乌丝栏，白口，无尾，四周单栏，半页九至十行，用植物颜料染成磁青色或棕色的加厚竹纸作封面，内小拓一张衬纸用以加固，如明抄本《天心复要》《崇文总目》等。天一阁刻本一般半页9行，行18字，版框[1]12.8cm×20.9cm，白口，黑尾，版心[2]题有篇名、卷次及页码，左右双栏，白绵纸，如明刻本《乾坤凿度》《周易略例》《周易举正》等。所有包背装以纸捻贯穿书叶，包以书皮，看不到订眼，古色古香，浑然一体。线装[3]古籍以四眼线装为主，封面瓷青色或古黄色，选色内敛，古朴自然。

天一阁馆藏古籍修复过程中，始终坚持"最小干预"的修复原则，根据每册书叶的破损和病害情况选取不同的修复技法，做到修复面积尽可能地小，添加的修复材料尽可能少，避免过度干预对古籍造成不必要的损害。同时要保持古籍原貌，不能随意改变古籍装帧形式和更换书皮等。因此，修复后的古籍，均保留了典雅、古朴的书卷气息。

⑤地域特色鲜明。如包背装采用空包背的技法形式，尽可能减少糨糊用量，有效防止因潮湿环境造成霉变虫蛀。

古籍修复中使用的淀粉糨糊内含有一定量的蛋白质和其他营

---

[1]版框：书叶正面图文四边的围栏，一般指印刷的书。

[2]版心：书叶左右对折的正中、在折叶时取作中缝标准的条状行格。

[3]线装：将书叶无字的一面对折，折边朝左，余幅朝右形成书背，加装书皮，然后用线把书叶连书皮一起装订成册的装帧形式。

养成分，是霉菌繁殖最好的养料。因此，在宁波温润潮湿的气候条件下，如果书叶修补或托裱糨糊过浓，则容易发生霉变。

天一阁历代沿袭流传的藏书，包背装均采取空包背的装帧方法，在纸捻处、天头[1]、书口[2]、地脚[3]处分别点上糨糊，将书皮和护页粘在一起。装帧过程中不采用糨背，尽可能减少糨糊用量，有效防止因潮湿环境造成霉变虫蛀。

2. 重要价值

①为古籍保护、利用提供技术支持和有力保障。

天一阁是全国重点古籍保护单位，善本藏量位列全国第八。天一阁还是收藏明代地方志最多的单位之一，现存明代方志中，有一百六十四种在《中国地方志联合目录》和《台湾公藏方志联合目录》中为仅见之本，可称海内孤本。明代科举录也是天一阁的"镇阁之宝"，天一阁目前尚存明代科举录370种，其中90%以上是海内孤本，从正统至万历十一年止，连续52次开科的会试录和进士录均一科不缺，在海内外古籍收藏史上堪称一绝。

这些珍贵古籍历经朝代更迭、岁月侵蚀，能完整保存到今天，离不开历代匠师的修复，天一阁古籍修复技艺为其提供了重要的

[1]天头：图文或板框上方余幅。

[2]书口：与书背相对，可翻叶展阅的开口。

[3]地脚：图文或板框下方余幅，亦称下脚。

《天一阁藏历代方志汇刊》

技术支持。近年来，天一阁相继完成"馆藏科举录善本古籍修复项目""馆藏地方志善本古籍修复项目""馆藏碑帖拓片的修复与镶衬项目"、入编国家珍贵古籍名录《复庄今乐府选》修复项目等修复工作。修复后的古籍通过数字化和出版得到再次利用，目前天一阁古籍阅览室和数字资源库累计访客量已超300万人次，同时，修复后影印出版了《天一阁藏历代方志汇刊》《天一阁藏明代科举录选刊》《天一阁藏范氏奇书》等千余册，使这批珍贵的文献资料化身千百，更好地为中外读者服务。

②为江南地区古籍修复提供范本。

古籍修复的南北派之分，主要是根据南北方气候地理环境不同，造成它们在操作顺序、修复手法上有所区别。比如北方因为气候干燥，古籍风化、焦脆的情况就比较多，很多书叶脆化严重，针对这种情况只能整页托裱；南方的古籍，因为天气潮湿，被虫蛀、水浸或发霉的很多，往往需要去霉、书叶孔洞补破。南方一般尽量少用整叶托裱的方法，因为托裱用的糨糊也多，会更容易招虫蛀。

天一阁古籍修复技艺是宁波历代藏书家，尤其是天一阁范家在藏书、护书过程中，基于江南独特的地理与气候环境，经不断尝试、比较、积累而形成的地域特色鲜明的独特技艺。其针对江南特殊的潮湿环境而造成的虫蛀、霉变、板结等病害，形成的干揭、湿揭、蒸揭、粘揭4种拆揭手法，针对破损严重、纸张脆化、絮化的书叶而探索出的湿补法、托纸加固法、隐补法等有效修复技法，为南方古籍的修复保护提供了有力保障，具有重要标本示范作用。

③中国藏书文化的重要见证。

"君子之泽，三世而斩。"中国古代藏书楼大多不数传而散，天一阁至清初黄宗羲登阁，"从嘉庆至今，盖已百五十年矣"，引起了人们的广泛关注。清高宗弘历在纂修《四库全书》的过程中，

通过访书关注天一阁、了解天一阁，进而模仿天一阁，对天一阁阁式及命名大为推崇。除模仿天一阁修四库七阁外，清高宗还对天一阁进行了嘉奖，御赐的《古今图书集成》与《平定回部得胜图》既是皇家所赐之物，又各具重要的文献价值和史料价值，都成为天一阁的镇阁之宝。由于皇上的关注和推崇，作为一家私人藏书楼，天一阁获得了空前绝后的殊荣，大出其名，并对中国藏书文化产生了深远影响。

乾隆对天一阁的关注、模仿和奖赏，历代名人对天一阁的倾心、推崇，都为私家藏书楼树起了一杆钦定的旗帜，使天一阁成为藏书家看齐的目标和追赶的对象。自此以后，许多藏书家纷纷以天一阁为榜样，其建筑式样、藏书特色、保护措施、管理模式，以及命名方式，均成为仿效对象。

天一阁在它问世以后的三个多世纪中，一直是公私藏书家心目中不遗余力追求的文献保存典型和文化楷模，在中国藏书史上有着极其重要的地位，成为中国古代私人藏书楼的典范和中国藏书文化的象征。天一阁的历代修书匠为古籍续命，在阁书中留下的劳作印迹与书、楼一起，成为中国藏书文化绵延不绝的最好见证。

④传播中华优秀传统文化的重要途径。

天一阁四百多年藏书史、三十余万卷藏书不仅让天一阁成为宁波"书藏古今"的城市名片，也引起了联合国教科文组织的关注。2008 年，联合国教科文组织倡导并组织实施了"东亚纸张保护方法和纸张制造传统"项目，应联合国教科文组织邀请，天一阁博物馆出席第三届东亚纸张保护学术研讨会（韩国首尔），与日本、韩国的纸张保护专家就古籍修复、纸张保护等问题做了深入的交流。同年 11 月，联合国教科文组织在天一阁博物馆召开"东亚纸质文物保护专家协调会"，中、日、韩三国相关纸张保护专家参加会议，并正式启动联合国教科文组织"纸张保护：东亚纸张保护方法和纸张制造传统"项目。天一阁博物馆作为该项目的

"纸张保护：东亚纸张保护方法和纸张制造传统"项目成果发布会

"纸张保护：东亚纸张保护方法和纸张制造传统"成果展

重要发起者之一，独立完成"奉化棠云传统造纸工艺调查"项目，并积极推动项目进展。2011 年，天一阁派员参加"第五届东亚纸质文物保护修复国际学术研讨会"，并作"古籍的装帧与装订技术"大会主题报告。2015 年起，联合国教科文组织委托天一阁博物馆编写《纸质文物保护与修复操作指南》（中国部分），即《古籍与文书修复导则》。在天一阁项目组努力下，团队梳理、总结、归纳、提炼天一阁数十年来在纸张保护与修复上的丰富经验，代表中国完成了《导则》编写，经专家评审通过并得到了联合国教科文组织的肯定和赞赏，成为古籍与文书修复工作的规范化操作文本。

　　天一阁主持编写的《古籍与文书修复导则》，从修复理念、修复原则、修复方案、修复材料以及本体修复等入手，通过对中国传统修复技术的探讨与研究，总结传统修复工艺、探讨不同病害修复方法，并结合天一阁百年来古籍与文书修复保护经验，在修复理念、修复材料、修复方法等方面提出指导性意见，以期对古籍和文书的修复工作具有指导和规范作用。作为东亚纸质文物修复第一个具有实施性的方针指南，《导则》不仅对中国国内的古籍、文书修复工作具有指导作用，同时对收藏在东亚、欧洲等国外收藏单位的大量中国纸质文物的修复与保护具有重要的规范和参考作用，《导则》同时宣传展示了宁波深厚悠久的历史文化，是践行习近平总书记提出的"让记载在古籍中的文字活起来"的有效举措，促进了中华优秀传统文化在世界的传播与弘扬。

二、工艺与流程

整册古籍修复需经历病害调查、制定方案、选配补纸、拆揭书叶、清洗书叶、修补书叶、润湿压平、折叶修剪、捶平书叶、齐栏压实、穿捻捆结、加装书皮、丝线装订、粘贴书签等 28 道工序。

二、工艺与流程

天一阁古籍修复技艺经过代代相传，不断完善，形成了完整的体系。整册古籍修复需经历病害调查、制定方案、选配补纸、拆揭书叶、清洗书叶、修补书叶、润湿压平、折叶修剪、捶平书叶、齐栏压实、穿捻捆结、加装书皮、丝线装订、粘贴书签等28道工序，具有选纸严格、拆揭技法多样、补破技法独特、装帧典雅大气、地域特色鲜明等特点。

[壹] 工具材料

工欲善其事，必先利其器。要做好古籍修复工作，必须具备一些必要的设备与工具。良好的工作环境，得心应手的设备和工具，再加上丰富的材料、高超的技艺，才能确保古籍的修复质量。

1. 修复场所及主要设备

（1）古籍修复工作室

修复古籍的场所。考虑古籍文献的珍贵性和安全性，天一阁专门在藏书区三楼开辟一层楼面以供修复工作专用，修复室相对独立，安全性高。室外树荫遮蔽，避免了阳光直射，室内光线充足，但紫外线含量远低于国家标准，因此，能有效减少强光和紫外线对古籍纸张造成的二次伤害，也为修复人员观察古籍书叶上的破洞、皱褶和污渍等破损状况提供了方便。由于空气中的湿度过高或过低都有损书叶，因此修复室配备有中央空调和除湿机，在工作时间内，能保持适宜的温湿度，避免空气温湿度频繁变化，造成纸张收缩膨胀剧烈，对古籍造成伤害。

（2）工作台

修复古籍使用的专用台案。

工作台一般用实木定制，坚固耐用、台面平整光滑，无裂缝，无疤痕，耐水浸，便于修复师实际操作。因古籍书叶和修复用纸多为浅色，为便于修复师在工作时更好的观察书叶残破情况、衬托出书叶和修复用纸的边界线，天一阁工作台面采用深褐色，以

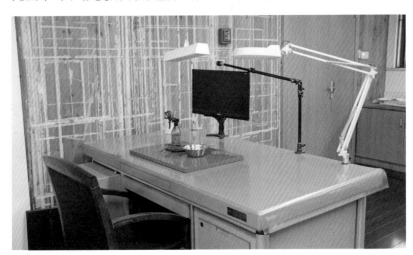

工作台

便在修复工作中书叶、纸张等易于区分。台座设计成抽屉式，用来存放修复、装订工具和材料等。由于在平整、装帧复原工序中经常需要近距离细致操作，工作台上还安装了辅助照明灯，台灯带长臂，可前后左右弯折伸缩，便于修复师随时调节照明角度。

（3）裱案

用于修复大幅书叶、文书档案等的专业工作台。一般选用结实、无裂缝、无疤痕、耐水浸、水烫、经干燥处理不易变形的木材，髹以大红生漆制作而成。裱案坚固耐用、台面平整光滑、耐酸碱腐蚀。

（4）木墙

用于古籍封面、文书档案托裱后绷平干燥的裱墙。采用杉木定制，在工作室的墙面上用杉木张贴，光滑平整、无裂缝，无疤痕。

裱案

压书机

（5）压书机

用于书叶或整册古籍压平的一种专用机械。天一阁选用的是手工压书机，压力可以通过旋转升降压力板掌控。将修好的书叶齐栏撽齐后，上下用木板夹住，放在压书机内压平。

（6）晾纸架

用于晾干纸张的架子。染色纸张及清洗过的书叶均需平铺自然晾干。立式架子用于染纸，将染好色的纸一边粘搭在木杆上，悬挂于晾纸架上，晾干。平晾纸架用于晾干清洗后的书叶，一次能晾几十至上百张纸，非常实用。

晾纸架

（7）洗书盘、染纸盘

用于清洗脏污书叶和染制补纸的器具，一般采用白色搪瓷医用托盘，此种托盘既能很好衬托书叶的脏污程度和补纸的染制色度，又方便清理擦拭，轻巧实用。

（8）加热设备

烧开水以便熬制、冲制糨糊。以前使用煤炉，现在采用电磁炉，即可满足温度要求，又能保持场所清洁。

（9）显微镜

鉴别纸张纤维种类的仪器。古籍修复时，需要对古籍纸张和修复用纸的表面形貌与纤维形态进行观察，鉴别古籍书叶和补纸

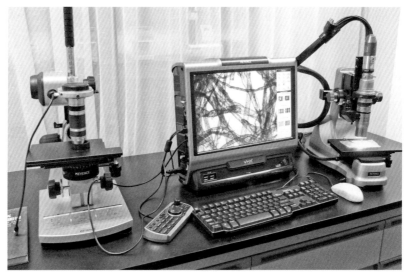

显微镜

所用纤维的种类，以选用与原古籍纸张纤维种类相同或类似的手工纸。

（10）白度仪

检测纸张白度的仪器。古籍修复应尽量选取与古籍纸张颜色相近、白度略浅的手工纸。以前都是根据古籍修复师的经验，凭眼睛的直观感觉选择修复用纸，现在辅以白度仪的仪器检测数据，提高了修复师配纸的准确性。

（11）色差仪

检测纸张色度的仪器。选配修复用纸时，可以将纸张色度与白度数值相结合。现在采用的是便携式色差仪，将白度仪和色差仪的功能集于一体，能同时检测纸张的白度、色度和色差，携带方便，便于操作。

（12）厚度仪

检测纸张厚度的仪器。古籍修复选配补纸时，要求修复用纸比原古籍书叶的纸张更匀薄，防止修复后古籍厚度和平整度发生变化，造成古籍厚薄不均。采用的是国际通用的肖伯尔式厚度测定仪，操作简便。

（13）pH 计

检测纸张表面 pH 值的仪器。酸度高的手工纸，会加重古籍酸化，从而对古籍造成损害，所以配纸时尽量选择中性偏弱碱性的手工纸。针对古籍的特殊性，选择平头电极的笔式 pH 计，既方便携带，又能满足日常检测需求。

2. 主要修复工具

（1）补书板

古籍修复时用来放置待修书叶的板面。在补书过程中，补书板可以来回转动以调整书叶方向，方便修复师修补古籍。20 世纪70 年代，干补法修补书叶都是在油漆过的写字台或桌面上进行。需要湿补破损严重的古籍时，就在台面上铺一张用桐油浸泡过的毛边纸，将书叶放置在桐油纸上进行喷湿、修补。90 年代，天一阁受裱画用的裱案启发，定制过一批红色复合板，由 5 层复合板粘连而成，厚约 1.2 厘米，但这种复合板在补书过程中，长期受潮后容易变形、脱胶。2007 年，采用杉木重新定制实木板，正反两面和四周均刷上红油漆，经过十余年的使用，

补书板

补书板依然平整未变形。使用补书板湿补时，我们习惯在补书板上垫一张塑料薄膜，既便于修补好的书叶揭取分离，在一定程度上也防止补书板长期受潮。

随着科技的进步，国家图书馆定制过一批透光补书板，并配发给各古籍修复中心，透光补书板下面安装了冷光源的 LED 灯，可以提高古籍书叶下方的照明亮度，帮助修复师准确补洞。

补书板没有固定的尺寸，宽 40 厘米，长 60 厘米，厚 2 厘米，基本上能满足馆藏古籍的修复需求。如需要修复征集入藏的特大幅家谱或文书时，可以直接在裱案上操作，也可以选择 55 厘米 ×85 厘米的拷贝台替代补书板。

（2）裁书板

用于裁齐书叶的带有尺寸标记的板面。90 年代以前，用硬木制作裁板，由于木制裁板使用后会产生划痕，刀痕过多时，裁口

会出现毛茬，影响裁切的质量，需要随时刨平，比较麻烦。现在采用塑胶裁板，尺寸由 A4 到 A1，满足了不同需求。

（3）压书板

书叶修补完成后，用以平整书叶的板块。过去的压书板用硬木制作，质量好，但是比较重，书叶压平时层层叠叠，很难搬动，不太经济实用。90 年代时，天一阁定制过一批复合三夹板，2007年以后，用高密度板代替，这种板结构均匀，材质细密，性能稳定，耐冲击，且经济实惠，适合大量使用。压平书叶时，压书板容易把前后两张书叶吸住，可在板上垫一张吸水纸来克服这一缺点。

（4）石砖

用于压平书叶或捶平书叶的砖块。采用大理石制作而成，砖面洁白光滑，大砖用来做锤书台，小砖用来压书叶。用作锤书台的石砖板面平滑，使用一段时间后，石砖表面可能会出现一些坑坑洼洼，须磨平打滑后再用。

（5）订书板

装订古籍时用于放置书叶、打眼的木头板块。采用柳木制作，柳木木质结构细密，质软，弹性好。

（6）启子

书叶分揭时用于揭挑书叶的用具，所以叫"启子"，亦称"起

压书板

订书板

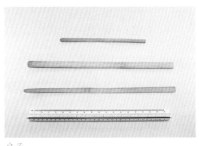

启子

铅砣

子"。一般采用陈年毛竹片自行削制使用。启子长有 30 厘米左右，短有 10 厘米左右，宽 0.5 ~ 1 厘米，一端为便于手握，削制成光滑的半圆形柄，到另一端逐渐刮平、扁圆。启子一般需要准备两个，大的启子一端起尖处竹片厚度约 1.5 毫米，小的启子一端的起尖处竹片厚度不超过 1 毫米，用来分揭破损严重、轻度板结的书叶。也有用牛角、塑料等制作而成，虽然更为光滑，但柔韧性不及竹启子。

（7）铅砣

装订时用于压书叶以便于打眼、装订的铅制重物。以前采用青石制成的长方石块，后来用木制铅砣，将实木中间挖空，填充铅粉，以保证重量，将实木外壳打磨光滑，刷上清漆。现在采用不锈钢铅块，既保证分量，又不易摔坏，在不锈钢铅块外面，包一层手工纸，防止铅块打滑。

（8）排笔

托书叶时用于刷糨糊。排笔由若干支竹管羊毫笔并列连接而成，笔管排列平整、连接坚固结实，笔锋色白质净，柔软而富有弹性。由于目前市面上买的排笔容易脱毛，在使用前，需要将新的排笔放入盆内用温水浸泡，把笔锋泡开，晾干，清除其中的杂毛。使用后的排笔应洗净后放到阴凉通风处晾干，不能放在太阳下晒干。

（9）毛笔

补书时用来蘸取糨糊。修复工作中使用毛笔的时候很多，毛笔的质量如果不好，容易掉毛、掉笔头。长锋大楷羊毫笔的笔头毛长、有弹性，适合用于补书。毛笔每次使用完毕，应立即洗净笔头，甩掉水分，垂挂阴干。

（10）糨糊碗

补书时用来盛放调制好的糨糊水。天一阁选用的是不锈钢糨糊碗，分量较重、碗底平且大，这样的碗放在桌上不易滑动，在使用中不易打翻，毛笔和排笔放进去不会倾斜撂倒。

（11）喷水壶

补书和平整时用于喷水潮润书叶的用具。20世纪90年代以前，采用棕刷头浸水后，将水分甩到书叶上进行潮润，或是小排笔蘸取少量清水，来沾湿书叶，也有用微湿的毛巾，按湿书叶后，再进行下一步操作。后来采用塑料喷水壶后，潮润书叶更方便快捷。

（12）棕刷

补书时用于刷平书叶，或在补书板上刷平补书薄膜的工具。棕刷也称排刷，用细而匀的棕榈丝扎制而成。棕丝编结整齐不乱，扎结紧实不松散，软硬适中，富有弹性。在使用新棕刷时，需要做开锋处理。棕刷每次使用后，应及时清洗、晾干。

（13）铁锤

平整书叶时锤书专用的工具。锤底平面，有圆形和方形两种，直径或边长3厘米左右。使用时，用宣纸将锤底包裹平整，以避

棕刷

铁锤

免锤书时在书叶上产生光亮。平面铁锤只能锤书专用，否则铁锤平面产生划痕或破损，锤书时会伤及书叶。

（14）敲槌

装订时用于敲击钢锥，在书叶上打眼的工具。敲槌用硬木制作，四棱，长方形，手握处稍细并打磨光滑。

（15）尺子

用以丈量尺寸及装订时方裁纸张的工具。传统的尺板用楠木板制作，四周边打磨光滑，后来用的木尺在两边镶粘竹条。现在多用有机玻璃尺或不锈钢尺代替。

（16）镊子

修补时用来撕掉多余补纸的工具。一般选用医用眼睫毛镊子，镊子不能太过尖细，否则容易伤及书叶。

（17）针

线装古籍装订时用于穿线，一般采用大号缝衣针。

敲锤

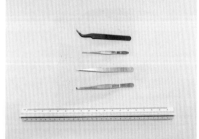

镊子

（18）钢锥

装订前打书眼的工具，用钢制成，尖头方顶，便于锤打和拔起锥子，另一端为圆尖状，便于打书眼。钢锥受潮生锈以后，可用细砂纸打磨焕新。

（19）剪刀

剪齐书叶、剪断丝线等用。大小、型号根据个人的使用习惯选择。一般采用的剪刀要方便固定，剪切面越长越好、手柄大小要方便手指运用。

（20）马蹄刀

用于裁纸。一种状如马蹄的半环形刀具，马蹄刀首次使用时，需要开刃，每次使用后，应放在干燥处，以防生锈。平时注意刀刃的保养，包括磨刀，以及避免与其他硬物相碰，保持刀刃的锋利。

马蹄刀

（21）裁纸刀

用于裁纸。一般使用美工刀，能更换刀片，刀头稳定不晃动。

（22）手术刀

修补时用于刮斜口[1]。由于手术刀刀刃呈弧度，并且轻薄、锋利，用来给书叶和补纸刮斜口非常便利。

3. 修复材料

古籍修复对所用的修复材料要求非常高，修复时必须按照修复对象的材质特性来选配相应的材料，方能达到满意的修复效果。因此，熟悉各类修复材料的性能、正确地选配材料并进行恰当的加工运用，都是古籍修复工作的基础知识，是古籍修复工作者必须了解与掌握的。

（1）修复用纸

古籍修复用纸，主要是手工纸。从西汉发明造纸，经过历朝历代的发展，手工制纸的品种越来越多，各种纸都有其不同的特点，我们应尽量了解和掌握它们的性能，恢复它原来的时代面貌，以使古籍修复做到"整旧如旧"的效果。

老一辈修复师们平时非常注意收集、保存各种旧纸，如揭下的旧书叶托纸、原书叶里的衬纸等，这样一旦需要，便可随手拈来，配补而用。但随着修复补纸量的需求不断增加，且旧纸由于存放时间较长，自身存在着不同程度的老化，所以，现在一般采用与修复古籍纸张的颜色、质地、厚薄相接近的手工纸，颜色不

[1] 斜口：在文书的破洞处，用刀刮成或打磨成斜坡，以便修补。

手工纸库

合适的，可通过染纸达到修补需求。

　　经过历史的积淀、材料的累积，天一阁古籍修复中心手工纸库中现有将近 500 种古籍修复用纸。这些手工纸，最早能溯源到的是 20 世纪 70 年代从福建和安徽购买的一批竹纸，2007 年古籍修复部成立以来，从全国各地手工纸作坊或生产基地购买了各种适用于古籍修复的手工纸。2010 年前后，国家古籍保护中心又先后配发了两批修复用纸，至今，手工纸库中有 250 余种竹纸、80 余种皮纸、40 余种宣纸、10 余种麻纸，90 余种封面纸。

　　竹纸：按原料分主要有苦竹纸、毛竹纸等，按品种分主要有福建玉扣纸、江西连史纸、富阳元书纸、福建毛边纸、福建毛太纸、宁波棠云纸等；也有在竹浆中添加皮料或草料抄制的竹皮纸、

竹草纸等。竹纸常用于修补古籍书叶、衬纸、护叶[1]等。

麻纸：主要有白麻纸、黄麻纸、马尼拉麻纸等；麻类纤维较长，成纸后的拉力强度比较高，白麻纸和黄麻纸主要用来修补地图、档案文书、添加古籍护叶等，马尼拉麻纸非常轻薄柔软，主要用来补书口和整托加固。

皮纸：主要有构皮纸、桑皮纸、燕皮纸、三桠皮纸等；树皮类纤维普遍较长，纤维壁上常附着一层透明的胶衣，制成的纸柔

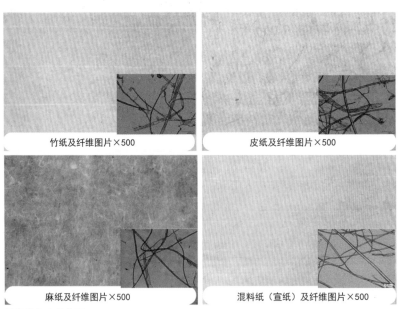

竹纸及纤维图片×500　　皮纸及纤维图片×500

麻纸及纤维图片×500　　混料纸（宣纸）及纤维图片×500

纸张帘纹及纤维图

---

[1]护叶：用以保护书芯或连接书皮，亦称副叶。

韧有劲，拉扯不易断裂，并且富有光泽。皮纸可用于修补书叶、护叶、衬纸、补书口、做纸捻钉等，在镶衬碑帖、修补地图、文书档案时也经常用到。

宣纸：宣纸品种名目繁多，按尺寸有四开、四尺、五尺、六尺等规格，按厚薄有扎花宣、单宣、绵连等，按原料配比有棉料、净皮、特净皮等，按纸纹有罗纹、龟纹、单丝缕、双丝缕等，也有以雁皮、三桠皮、构皮等皮料代替青檀皮，或以龙须草代替稻草，来抄造而成的各种宣纸和书画纸。同一品名的宣纸，不同年份生产，性能也会有所差异，因此天一阁每年都会采购宣纸以扩充库存。质地薄且柔软、纤维细密的棉料类宣纸，如棉料棉连、棉料扎花等，主要用作补书叶、做护叶、镶书叶、衬纸等。古籍封皮的修复经常会用到稍厚、染色的棉料单宣。也有将生宣经过上胶矾、染色、洒金涂云母、涂蜡等再加工而成的蜡染笺，可以用来修补封皮。

封面纸：按厚薄分有单层和托裱双层封面纸，按原料分有以宣纸和竹纸染制而成，按颜色分主要有棕色、瓷青色、蓝色、黄色等近几十种颜色，每种颜色又深浅不一，色彩繁多。

（2）绫、绢

绫：也称花绫，由蚕丝织成，质地细薄轻柔。花绫花纹图案众多，颜色丰富，天一阁库存主要有本白色、米黄色、玉棠色、灰色、浅豆沙、深豆沙、蟹青色、瓷青色等，花纹多样，门幅有67厘米和76厘米两种规格。经宣纸托裱后，可作古籍封皮、古籍包角等用。

绢：由丝织成的平纹织物，没有花纹图案。品种很多，我们主要有单丝生绢、双丝生绢、3丝生绢、仿宋古绢、耿绢、网绢等，古籍修复中使用较多的是耿绢，质地透明的生丝绢，表面平滑、密实、较为挺硬，一般绢单幅门幅约83厘米，双幅门幅约140厘米。经宣纸托裱染色后，可作古籍封面、古籍包角等用。

（3）淀粉

用于制作糨糊。修复工作中所使用的糨糊，实际上是一种将稠糨糊兑水稀释调制的糨糊水。糨糊浓度过低，起不到粘接修补材料的作用；浓度偏高，又会使书叶出现皱褶，凸凹不平，所以修复工作中糨糊的制作方法，自古以来得到人们的重视。

古籍修复中经常使用的糨糊原料——淀粉，以前都是靠手工制作。方法是将面粉加水和匀，放在水中漂洗，提出面筋。洗出的淀粉经过多次换水淘净，控水，晾干。用时将淀粉加少许水浸透调匀，用开水冲或熬制都可。现在，我们是从市场上购买高纯度小麦淀粉，非常方便。

（4）丝线

装订古籍时用的线。丝线是一种用蚕丝搓纺而成的线。因丝线与纸张颜色相近，质地柔软、强度好、光滑、牢固耐久，故装订后的书册平整美观。根据古籍的厚薄，采用粗、中、细三种丝线。白色的丝线需经染色做旧后使用。

（5）颜料

用于纸张、绫绢及丝线等染色。染色颜料有朱砂、朱磦、雄黄、赭石、石青、石绿、钛白等矿物颜料，也采用藤黄、花青、胭脂、橡碗、茶叶等植物染料。在使用中，发现茶叶煮水染的纸，颜色不够稳定，故不再使用。周嘉胄的《装潢志》中也提到了染纸，尤其提醒不能采用橡栗子水染纸，起初也许不会有什么弊端，时间一长，纸上的色料就会洇化[1]渗透开，形成斑渍。用泛黄的

常用颜料

---

[1]洇化：字迹或颜料遇水后扩散。

旧纸浸水，再染纸，也不可行。

需要染纸时，一般提前将纸染好，放置一段时间后，等颜色稳定后再使用。使用中国国画颜料进行染纸时，由于国画颜料里面添加有适量胶，一般将颜料兑水化开即可，亦可用多种染料混合加水调制成色水。如采用未加胶的矿物颜料时，我们一般会加入极少量骨胶进行固色。

4. 装具

古籍装具是存储、保护古籍的最后一道屏障，书之有装，亦如人之有衣，睹衣冠而知家风，识雅尚。古代文人护书，首先想到的就是给书配以合适的函套。书籍装帧形式的变化，促进了护

古籍书盒

书装具的产生和发展。从卷轴装的帙到后来收藏册页、包背装、线装书的函套、夹板、木盒等，护书用具由原先的"裹书"转变为"盛书"。天一阁藏书的装具主要有帙、囊、匣、函、夹板、书盒、书套等。

[贰] 技法工序

天一阁古籍修复技艺，以修复古籍为主，兼修文书档案、碑帖等纸质文物，介绍技法工序，以古籍修复为例来加以介绍。

古籍修复前，需要先对古籍进行现状调查与病害评估，以便保存真实完整的修复资料，同时也为下一步修复措施的制定和修复材料的选择提供依据。

1. 现状调查与病害评估

现状调查包括核查古籍相关信息，记录装帧形式、工艺特色、修复历史等。古籍信息包括册数、叶数、重叶、缺叶、尺寸、书根字[1]、书皮、书签、护叶、书叶、纸捻、丝线、包角等。

病害评估时，先利用专业设备，对古籍进行无损检测，检测包括文物保存环境的温湿度、古籍纸张的纤维种类、书叶表面酸碱度、书叶厚度、白度以及写印色料的水溶性，再对古籍病害情况进行现状描述，记录病害部位、类型、程度等，提供可反映病害状况和保存现状的照片。

---

[1] 书根字：写在书根处的字。

2. 制定方案

在对古籍进行现状调查和病害评估的基础上，确定保护修复方案的具体内容，包括技术路线和材料选择等。

在古籍修复具体实施技术环节中，修复人员应根据古籍原有保存状况、病害程度，选择其保护修复实施技术路线，图示如下：

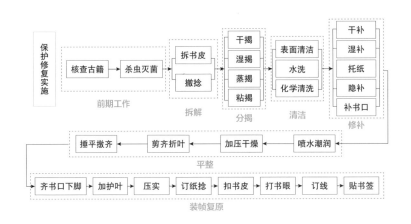

3. 修复材料准备

结合价值评估、病害、检测结果，列出各操作步骤中拟采用的材料，并提前准备。古籍修复材料的准备包括选配修补用纸和制备糨糊等，材料选择的合适与否，对后期的修复工作会产生极大的影响。

（1）选配修复用纸

选择补纸要针对古籍的具体情况，在自然光线充足的场所，结合古籍纸张和补纸的仪器检测数据，遵循"宁薄勿厚""宁浅勿深"的原则，力求补纸在材质、颜色、厚度、帘纹等方面，与古籍保持一致或相似。

刷染

如果从纸库中无法选出适宜的补纸，就需要选择质地、厚薄适宜的手工纸，通过染纸，来获得合适的颜色。调制好的色水，需进行过滤，除去杂质和未完全溶解的颜料颗粒，方可使用。

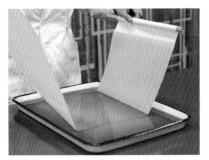
拉染

常用的染纸方法有刷染法、拉染法、浸染法。

刷染法：将一张纸铺在台面上，用排笔蘸取色水，把纸

浸染

刷平，刷染时，留一条纸边，用于粘木杆。刷染遍数视待修古籍色度而定，颜色较深的可多刷几遍，直至颜色均匀接近古籍，最后将未经上色的一边补纸粘搭在木杆上晾干即可，必要时也可同时刷染多张纸张。

拉染法：将色水倒入容器内，把纸的一边粘搭在木杆上，手持木杆，把纸均匀拉过色水，慢慢提起，晾在晾纸架上即可。

浸染法：适用于薄皮纸的染色，一次可染数十张，如果数量少了，纸张反而容易破损，不便操作。将色水倒入容器内，把纸浸入色水中，抚平，待纸完全浸透上色后，提起色纸沥水，再用吸水纸吸干多余水分，搭在木杆上分层晾干即可。

（2）糨糊制作：

选择小麦淀粉冲调熬制糨糊，再根据书叶的质地、厚度、吸水性等不同情况，调制不同浓度的糨糊水。

书叶较厚、吸水性差时，可适当提高糨糊浓度。书叶严重脆化需用薄皮纸整托加固时，可适当把糨糊调制得稀薄一点，以免书叶发硬失去其本身的柔软性。糨糊冲制方法有熬制法与冲制法，我们习惯采用冲制法来调制糨糊。

冲制糨糊：取淀粉 250 克，加入约 200 毫升冷水搅匀，再一边搅拌，一边缓慢加入沸水，速度要先慢后快，冲水量先少后多，最后一般冲搅至糨糊颜色呈米黄色透亮光泽为度，如不熟或过熟，

冲制糨糊

糨糊水

糨糊黏性不够，一律作废。

冷水养浆：糨糊冲好后，马上将表面抚平，沿着容器边缘慢慢加入冷水，使得糨糊与空气隔绝，冷却后形成块状。每天换水两到三次，一般可以存放两到三天，冬天保存时间可更长，使用时可随时割取。

浆水制作：制作浆水时，用竹启割取适量的糨糊，放在容器内充分捣匀、搅拌，然后分多次少量加入清水，边加水边搅捣稀释，搅捣时间越长，其黏性越强。如加水过快，容易搅捣不匀产生颗粒，造成糨糊黏性不大。待浆水调制稀释至所需浓度时，倒入纱网过滤，除去多余杂质。修补用的浆水浓度过稠，书叶容易起皱，浆水过稀，又会产生粘贴不牢。一般以近似豆浆水为宜。每天修补古籍，必须用当天调制的浆水。

4. 保护修复实施

（1）拆揭书叶

天一阁馆藏古籍，以包背装和线装书为主，一般都包有书皮、装帧成册。在古籍修复前，需要先将整册书拆开成单张书叶，进行修复。

拆书皮：用剪刀将书上的订线剪断、拆除，分离书皮与护叶的粘连处，拆线时要轻柔缓慢，以免将书勒破。有包角的，用毛笔蘸水，把包角材料润湿，用镊子轻轻拆下包角，再用小刀刮去糨糊。拆下的书皮，按顺序放置妥当，不可散乱放置，以防丢失。

撤捻：尽量保留原纸捻[1]。如原纸捻不可再使用，可将书脑[2]处装订的纸捻订或蚂蝗襻拆除。将书背[3]轻轻分开，在二分之一处露出纸捻，用剪刀剪断，若书背较厚，可以将纸捻剪三到四段，用镊子将纸捻轻轻拔出，再拍平钉眼处。

分离书叶：轻捻书背，使书叶分开。将书叶按顺序数一遍，将缺叶或错码记录下来，无叶码时，用铅笔在书叶背面右下角标明顺序。

揭书叶：揭开书叶的方法要依据古籍书叶的粘连程度来选择，

---

[1] 纸捻：以坚韧的纸条搓成的一端尖细或两端尖细的细纸绳。

[2] 书脑：书芯订捻、缝线以右的部分。

[3] 书背：与书口相对，上下书皮相隔或连接的部分，相当于书籍的厚度，亦称书脊。

轻度粘连的书叶采用干揭法，就是将竹启子插入书叶间的空隙处，慢慢移动，使书叶分离。干揭法对书叶和字迹损伤最轻，能干揭的尽量干揭。

针对江南特殊的潮湿环境而造成的虫蛀、霉变、板结等病害，书叶除干揭外，天一阁还形成了湿揭、蒸揭、粘揭等拆揭手法。

湿揭，适用于粘连程度较严重，且印迹和栏线不易洇化的书叶。将粘连书叶浸泡后取出，置于桌面，用吸水纸或干毛巾吸水、撤水，待书叶八成干时，用镊子和竹启子轻揭书叶。书叶在水中浸泡的时间，需要根据书叶粘连程度而定。

蒸揭，适用于板结且印迹和栏线遇水易洇化的书叶。将书叶悬挂于蒸汽之中，待水蒸气穿透后取出，趁热揭开。此法可重复数次，直至揭开全部书叶。

粘揭，适用于两面有字的书叶或报纸，也可用于两张无法分离且纸张状态良好的书叶。在书叶两面分别刷上糨糊和白布，刷实，压平，阴干。待纸张和布完全干燥以后，揭开二层白布，使粘在两块布中的书叶被完全分开。然后，将粘在布上的书叶朝下贴在裱案上，用水喷湿白布，并取下白布，最后用毛笔蘸取清水除去书叶上的糨糊即可。

（2）清洗书叶

很多古籍会存在严重的黄色水迹、污渍和霉斑，需进行清洁。

清洗前须做字迹的点滴实验，避免字迹、栏线洇化；我们一般先进行表面清洁，必要时再进行水洗，水洗时需谨慎，应避免清洗不当而造成纸张的变形和收缩不匀。

表面清洁：用面粉团、毛刷、镊子、刀等工具，去除纸张表面的污渍。毛刷应顺着一个方向，不来回刷，以免扩大污渍范围。

水洗：用水清洗书叶上的水迹、污渍。水洗法是古籍最常用的清洗方法，针对受污程度的不同，分别可采用水洇法、水淋法、水浸法。在清洗的过程中，通过调节水温和清洗次数来控制清洗的程度，水温一般控制在 60℃ ~ 90℃ 之间。清洗前应做印迹的洇染试验。

水洇法：适用于局部有水迹、污渍的书叶。在书叶下面垫一张吸水纸，用毛笔蘸热水沿水迹、污渍轻划，用吸水纸把水吸干，可视污渍情况重复数次，直至污渍淡化或消失，最后在清洗处外围喷水潮润以免形成新的水渍。

水淋法：适用于污渍较重的书叶。在倾斜木板上，铺一张中性的化纤纸，将书叶书口朝上，置于化纤纸上，书叶上再覆上一层化纤纸或宣纸，以免清洗时伤及书叶，然后用热水自木板上端往下冲洗书叶，直至流出的脏水不再黄浊。淋水高度一般控制在10 厘米左右。

水浸法：适用于残破严重，无法用水淋法的书叶。在书叶上下分别垫层化纤纸，浸入水中，观察污渍溶解程度，顽固污渍或污渍较重时，可多次浸泡。及时取出书叶，用吸水纸吸去水分。不断更换吸水纸进行撤水，待书叶八成干时，将书叶分沓垫上吸水纸平摊在桌上，分离书叶晾干。

（3）修补书叶

根据书叶病害类型和病害程度，采用不同的方法进行修补。动物损害和残缺是书叶最常见的病害现象，修补时应遵循"先补中心，后补边"，"先补大，后补小"的原则。破洞较细小且分布较疏的可不予修补；破洞较大的书叶，补破时，补纸略大于破洞，补纸与书叶搭接的边缘宽度控制在 2 毫米以内。根据病害程度和书叶质地选择不同技法。

干补：适用于纸质尚可、病害程度较轻的书叶。先在补书板上垫一张吸水纸，取一张清洁之后的书叶，将有字的一面朝下，平放在吸水纸上，把书叶展平后，用毛笔在破洞边缘处抹上糨糊水，将补纸按压在破洞上，撕下或用镊子钳去多余补纸。

湿补：适用于病害程度严重的书叶。将补书板稍微喷湿，铺一张透明塑料薄膜，用棕刷排出空气，再将书叶有字的一面朝下，平放在薄膜上，用水喷湿、展平、定位后，用拧干的湿毛巾吸去多余水分，在破洞边缘处抹上糨糊水，将补纸按压在破洞上，撕下或用镊子钳去多余补纸，用潮湿毛巾轻摁，去掉周围多余浆水。

补书口：书口开裂的书叶，需要溜书口，将书叶平放，对齐书口，对正栏线，用宽8毫米左右的长条薄皮纸或麻纸粘接书口。若书口有残缺，就需要先补破洞再溜口。

托纸加固：适用于严重脆化、絮化的书叶。若有小破洞，先补洞，再用薄皮纸或麻纸在书叶背面托一层以加固书叶。

隐补：适用于严重脆化、絮化，又有大片残缺的书叶。修补时，先用很薄的补纸对书叶整托加固，再在残缺部位隐补一层薄皮纸，以使修复后的书叶厚度均匀且保持柔软。

（4）润湿压平

书叶修补之后，因修补处用糨糊粘连，干燥后收缩不匀，会出现书叶不平整状况，因此需要将书叶喷水潮润后，加压干燥。一般会用喷水壶喷出雾状水汽将书叶润湿后，夹在吸水纸中，盖上压书板，叠放于青石块下，使书叶干燥、平整。压平期间，需每日更换吸水纸，及时倒页撤潮，去除水分，以免书叶发霉。

（5）折叶修剪

干燥平整后的书叶，按照原书口的折痕，对折复位。修剪天头、地脚、书脑处多余的补纸。

（6）捶平书叶

修补好的书叶，书叶与补纸搭接处有两层，会出现凹凸不平的现象。需要用铁锤对修补处进行捶平，使书叶厚薄均匀、书芯[1]外观平整。捶书要分沓进行，每沓 6 ~ 10 叶，放在平整的石板上，用包有宣纸的铁锤对修补过的地方进行敲击锤平。捶书叶应在书叶干透后进行，捶平时注意掌控力度，用力要匀，落锤要平和准，不能伤及书叶。边锤边用手触摸书叶，随时观察书叶捶平程度。

（7）齐栏压实

经过锤平后的书叶松而不实，会影响装订成册的质量。必须齐栏撴齐后经过压书机进行压实。齐栏时双手配合，一只手按住书口的一端，另一只手来回拉动另一端书叶的书背逐叶调整位置，使整册书叶书口整齐、下脚对齐，呈 90° 直角。齐栏后的书叶上下夹压书板叠放一起放入压书机，直至书叶达到较为紧实状态。

（8）穿捻捆结

压实后的书叶，需要用纸捻贯穿成册，成为书芯。无护叶的古籍，我们一般都会在书叶上下各加 2 张折好的空白书叶做护叶。然后按原来纸捻的位置穿通捻眼。常用的纸捻有蚂蟥袢和纸捻钉，视古籍原来的纸捻形式而定，一般采用质地稍厚、韧性较好的构皮纸制作纸捻。穿捻时在订书板上放张纸，把书册置于纸上，在书口处压上木尺和铅砣，以免书叶移动，然后将纸钉穿入已打通的原捻眼，尖头的纸钉剪短舒张后抹上糨糊固定在护页上。另一

---

[1] 书芯：指书皮以内或未上书皮以前已订在一起的书叶。

端纸钉也是抹上糨糊固定在另一面护页上；蚂蟥襻则是打结拉紧，剪去多余废边，用铁锤或木锤敲平纸捻，点上糨糊与护叶固定。

（9）加装书皮

应尽量利用原书皮，若原书皮无法再使用，应选择与原书皮材质相仿、颜色接近的书皮；若无书皮，按照成书年代常用的书皮样式制作新书皮。

有包角[1]的古籍，在装书皮前应重新进行包角。常用书皮样式有扣皮、筒子皮、包背装等。

（10）丝线装订

前后书皮装好后，线装书需要用丝线在原书眼处进行装订，以四眼装和六眼装为主，一般都是按照原装帧形式复原。装订时将书册正面朝上，放在订书板上，压上木尺和铅砣，用钢锥把原书眼戳穿。然后用大号缝衣针，取合适长度的丝线（四眼线装取书册长度六倍的丝线，六眼线装取八倍左右），折成双股，从书眼1到2，折回穿过书眼3和4，再返回到书眼1结束，用针绕过三条交叉线打结，再按原书眼把线穿回古籍的另一面，把线结隐藏于书眼中，最后用钢锥将多余的线头塞入书眼，随之抚平。整个装订过程应保持两条丝线将平拉直。

---

[1] 包角：用绫绢把书脑上下两个书角包起来。

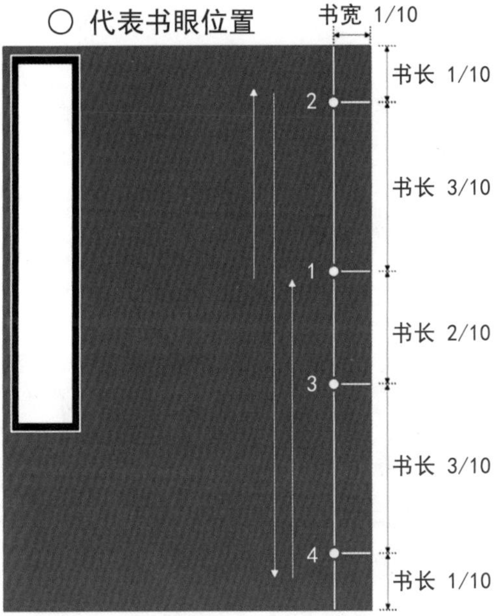

○ 代表书眼位置

书宽 1/10

2

书长 1/10

书长 3/10

1

书长 2/10

3

书长 3/10

4

书长 1/10

四眼装书眼位置及订线示意图

（11）粘贴书签

古籍装订之后需贴书签，尽量利用原书签，若原书签残缺破损，应修复后再粘回原处；若原书签不可再用，可根据原书签尺寸、质地制作新书签。书签基本都贴于正面书皮的左上角。

病害调查

拆揭书叶

清洗书叶

修补书叶

润湿压平

折叶修剪

捶平书叶

齐栏压实

穿捻捆结

加装书皮

丝线装订

粘贴书签

三、案例与成果

以天一阁古籍修复技艺为依托，天一阁积极发挥国家级古籍修复中心技术优势作用，辐射周边，协助多家单位完成纸质文物保护项目。

三、案例与成果

[壹] 典型案例

案例一　天一阁藏善本古籍《北曲联珠》的保护修复

明抄本《北曲联珠》是天一阁所藏的一部孤本文献，二级文物，具有重要的文献价值和稀见的文物价值。此书作者张可久，是元代著名的散曲作家，而《北曲联珠》是名家名作，在文学史上有重要地位。张可久的其他著作以各种抄本传世，各大图书馆皆有藏，唯有《北曲联珠》仅存于天一阁。此书自嘉靖年间天一阁主人范钦命人抄写后，一直深藏阁中，外人无缘得见，学术界亦不知有此珍贵文献。1933 年，学者马廉登天一阁访书，在书橱中发现一册残破不堪的明代白棉纸抄本，小心翼翼地翻阅之后，确定这是从未在文学史上出现过的张可久的散曲集子。为了更好地保存此集子，马廉请求范氏后人范盈藻另外誊录一本，以供学者翻阅，而原本则用宣纸包好，小心保存。

马廉发现此书时，因为潮湿板结，已经难以翻阅。马廉用了两天的时间，将之一叶叶揭开，并整理成册。但由于当时条件受制，范氏并无能力将之彻底修复，只能束之高阁，以待后人。

2021 年底，天一阁文物修复中心组建修复团队，代表性传承人王金玉带领徒弟谢龙龙共同修复，其间多次邀请国家级非物质文化遗产项目古籍修复技艺代表性传承人杜伟生线上指导。整个修复过程持续了 3 个月，因为古籍"病症"复杂，修复过程挑战重重。首先，要找到材质相近的补纸就不容易，修复团队是在馆藏 500 多种纸张中，选配了一种材质及厚度相对接近的竹皮纸。由于单张书叶颜色不均，需染多种颜色的补纸，根据破损处书叶颜色选配修补。而且古籍书叶严重残缺、絮化，部分书叶遇水易碎，修复起来比较费劲，每天只能修补一二叶。

修复后的《北曲联珠》颜色和谐，展阅平整，项目资料完整、规范。《北曲联珠》的成功修复完成，不仅充分展示了天一阁国家级古籍修复中心的修复水平，也一尝天一阁人多年夙愿。

1. 现状调查与病害评估

《北曲联珠》1 册 5 卷，用一张写有马廉题跋的纸包裹，全书91 页含 2 页封皮和 4 页护叶。书高 29 厘米，宽 18.3 厘米，采用四眼线装的装帧形式。无书签，无包角，订线已断，以两个纸捻钉和一个蚂蟥襻贯穿书芯。

书叶卷首部分天头糟朽残缺，卷尾部分天头严重糟朽、破损残缺只余小片残叶，版心有上下贯穿的虫蛀洞，书叶天头、地脚纸质脆化严重、残缺边缘部位絮化，书叶返黄酸化严重，书脑处有大量霉斑，同时伴有大量灰尘、水渍和动物粪便。

《北曲联珠》原状

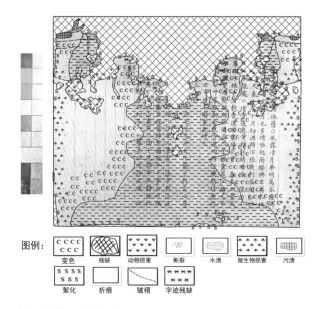

图例：

cccc ccc 变色	残缺	动物损害	断裂	水渍	微生物损害	污渍
ssss sss 絮化	折痕	皱褶	字迹残缺			

病害图（第 50 叶为例）

2. 制定方案

病害现状	保护措施
轻度粘连	采用干揭法分离书叶
书叶脆化、絮化，且有水渍和各种污渍	由于脆化不能采用水淋法和水浸法清洗污渍，故结合水洇法和湿补法，在湿补前先对书叶进行轻度清洗，用拧干的湿毛巾撤水后，再进行补破，既清洗污渍，又降低书叶酸度。
书叶板结糟朽、褶皱、严重残缺	采取湿补法、托纸加固法和隐补法相结合的方式进行修补。
絮化、破损残缺小的书叶	先湿补，再在絮化部位整托加固。
严重絮化、糟朽和缺损面积较大的书叶	先整托加固，再在残缺部位隐补。
包裹书的散纸上有名人题跋	在修复完整后裁成书叶大小，与原书一起装订。
修复难点	**解决方法**
同张书叶，颜色有深浅	将修复用纸染制成两种深浅不同的颜色，以深补深，以浅补浅。
书叶破损程度不同	有针对性的分别采用先补后托或先托后隐补。
大量碎片，甚至有部分粘连、板结的残片	将残片揭开，根据残片形状、颜色、文章内容、字迹笔画、栏线等复原，无法复原的残片，用更稀薄的糨糊粘到一张空白页上（保证修复过程的可逆性），装订入册。

3. 材料选择

《北曲联珠》检测分析一览表

检测项目	检测结果	选择的修复用纸				仪器型号
		安徽潜山1号皮纸（补书叶护叶、封皮）	宁波奉化马尼拉麻纸（加固）		福建毛边纸（补封皮托纸）	
			1号（5~5.3g）	3号（7~8g）		
纤维种类	书叶: 皮 护叶: 皮 封皮: 皮 封皮托纸: 竹	皮	马尼拉麻	马尼拉麻	竹	LH纤维仪
表面酸碱度	5.66	6.61	7.3	6.19	5.81	HANNA HI8424离子酸度计
平均厚度/μm	39.8μm	35.8	14.6	16.9	55.8	PN-PT6厚度测定仪
白度/%	色深处37.55润洗后46.96色浅处39.05润洗后50.54	71.86染色后49.07、56.44	73.52	68.39染色后52.8、55.2	34.27染色后16.31	CS-650A型分光测色仪
写印色料水溶性	遇水稳定	无	无	无	无	湿润棉签擦拭墨色较浓文字，未溶解
检测环境: 温度:（23±1）℃、相对湿度: 50±2%						

经过数据比对，选择1号皮纸作为书叶和护叶的修复用纸，1号和3号马尼拉麻纸（下面简称薄麻纸）作为其加固用纸，选用毛边纸修补封皮托纸，宁波奉化封皮纸作为书皮修补用纸，1号皮纸、3号马尼拉麻纸、毛边纸和封皮纸提前染色处理，检测数据见上表。

　　糨糊：选用小麦淀粉、冲制法制备糨糊。淀粉含量为2%左右。

　　染纸：用橡实壳煮制色水，1号皮纸采用单张浸染、3号马尼拉麻纸采用多张浸染法进行染色处理；用国画颜料调制色水，对封皮纸和毛竹纸进行刷染。多次染色试验后，确定染色水浓度。染色后的纸经过喷水、压平，纸张没有出现褪色和跑色情况，最终确定修复用纸。针对书叶颜色有深浅，将皮纸和马尼拉麻纸染制成两种不同的颜色，即"深补深，浅补浅"。染色后的皮纸和薄麻纸均比古籍书叶的白度稍浅，补护叶后看起来协调一致，适合本次修复要求。

4. 保护修复实施

《北曲联珠》保护修复流程

1.杀虫灭菌	由于该书在书脑处有大量的霉斑，因此先采用环氧乙烷熏蒸杀虫灭菌法处理。	
2.拆揭书叶	拆除订线，分离书皮与护叶，拔出书脑处的两个纸捻钉和一个蚂蟥襻。该书部分书叶上端破损处有轻度粘连，纸张强度尚可，采用干揭法分离书叶。用铅笔在书叶背面右下角标明顺序。因为该书严重破损、糟朽絮化，部分书叶粘连且有碎片脱落，为避免拆分书叶时遗落碎片，不一次性将全部书叶拆解开，而是逐叶分离，逐叶修复，残缺碎片按层揭取和拼接定位。在揭取每张书叶时，需要同时检查下一张需要修复的书叶，看书叶是否粘连有上一张书叶掉下的碎片。若发现不匹配或难以确定归属的书叶，则标注好位置先统一保存。	

| | 3.清洗书叶 | 针对少量污渍的书叶，用干毛笔和镊子将书叶表面的灰尘和动物粪便除去后，再用局部水洇法清洗书叶。 | 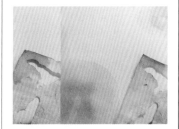 |
| | | 部分书叶有严重水渍，在湿补前，采用单叶整体洇洗法清洗。 |  |

4.修补书叶	**修补书叶** ①卷首部分仅天头部位有破损残缺的书叶，先用纯皮纸湿补，再在絮化部位用1号薄麻纸进行飞托[1]法整托加固。 ②严重絮化、糟朽和缺损面积较大的书叶，先在书叶背面飞托一层3号薄麻纸整托加固，再用纯皮纸隐补。 **修补题跋页** 题跋页是单独包裹的一张皮纸，清洗后托一层薄麻纸加固。补好后按照书叶大小裁剪，将其加在第一页书叶前。 **修补封皮** 用竹启子先将书皮与其后面的托纸分离开后，分别修补。书皮用染色封皮纸修补，托纸用毛竹纸修补，两层再重新托在一起。	
5.润湿压平	修补后的书叶用吸水纸撤潮后，上、下各垫一张吸水纸，盖上压木板，上压石块，使其干燥、平整。	

[1] 飞托：将薄麻纸展平在另一张薄膜上，用排笔在麻纸上刷上一层稀糨糊水，将麻纸倒扣在书叶背面，用棕刷刷平，揭去薄膜。

6.折叶修剪	书叶压平后，按照原折痕对折，将两侧书脑及天头处多余的补纸剪齐。	
7.锤平书叶	将整册书叶书口朝下撴齐，每沓8~10叶，用铁锤对修补部位搭口处进行敲锤，使书叶厚薄均匀。锤平时，在书叶上放置一张稍大的皮纸，以免锤后的书叶表面变得光亮，影响观感。	
8.齐栏压实	无法一下子撴齐的书叶，用手逐叶调整，齐下脚时，尽可能地使书根字更好辨认，并保证书口和下脚的平面与桌面垂直。 将对齐书口和下脚的书叶放在压书板中，用压书机压平2天，使书叶压实。	
9.穿捻捆结	因为书皮是单折口书皮，需要一页搭叶，为保护原书护叶，前后用纯皮纸各新增一张搭叶。按照原来的订捻方式，在书脑的上、中位置，穿好纸捻钉，在下部位置穿好蚂蟥祥。	

10丝线装订	将补好的书皮，按照"单折口"方式复原，用厚糨糊将书皮与搭叶粘在一起。再用染过色的丝线，按照四眼装订的方式完成装订。	

修复效果对比图

5. 质量评估

在《北曲联珠》保护修复过程中，修复团队一直秉承最小干预、不改变原貌的原则，对每个细节都深思熟虑，严格把控细节。经过修复保护后，书叶的霉斑、污渍有效去除，酸度适当降低，书叶的稳定性得到提高。整册古籍装订后外观书平口正，下脚齐整，页码顺序正确，订线松紧适宜，书皮平整、无划痕。选配的补纸与书叶、书皮材质相同、颜色接近；补破时的搭接宽度合适。糨糊浓度调配恰当，糨糊用量适宜。糨糊黏接处无起皱、脱糨现象。修复的书叶整洁，字迹、线条清晰。

案例二　古籍《台东涧溪鲍氏宗谱》的保护修复

家谱是一个家族的生命史，它不仅记录着该家族的来源、迁徙的轨迹，还包罗了该家族生息、繁衍、婚姻、文化、族规、家约等历史文化的全过程，具有丰富的史料价值和文化价值，是中国古代最重要的文献材料之一，与正史、地方志一起构成了古代史学传统的三大支柱。

近年来，天一阁以"抢救老家谱，传承新家谱"为工作重点，在家谱的保护征集上不遗余力，不少私人传承的家谱通过捐赠渠道进入天一阁永久保存。《台东涧溪鲍氏宗谱》是天台县唐鸿胪寺卿鲍世德公故里下涧溪村的鲍氏宗谱，由宁海鲍氏后人捐赠，系清乾隆五十二年（1787）追远堂修订。经查询，《中国家谱总目》和《浙江家谱总目提要》均未收录台东鲍氏宗谱。该宗谱存世量稀少，对研究台东地区文化具有重要参考价值，对家谱的传承和发展也具有重要意义。该宗谱是木活字版本，字迹清晰，文字排版考究，版框宽大，采用六眼线装的装帧形式，代表了清中期木活字印刷技术的较高水平。

该书捐赠入藏时，全书纸质脆化，破损残缺严重，存在动物损害、霉变、絮化、水渍、褶皱等多种病害，影响翻阅与使用，亟须修复。由于大部分书叶集中了多种破损情况，修复人员需要同时运用不同修复技法，又要彼此协调以确保修复后书叶的平整，因此其修复过程极具代表性。2015 年，修复中心抽出 4 名修复人员，成立《台东涧溪鲍氏宗谱》修复小组，由传承人王金玉做技术指导，历时半年时间，完成该书的修复工作。

1. 现状调查与病害评估

《台东涧溪鲍氏宗谱》全书共 2 册，上册 168 叶，下册 140 叶，合计 308 叶。开本极大，书高 49.6 厘米，宽 31.7 厘米。采用六眼线装的装帧形式，木活字版本，版框宽大。无书皮，无书签，无护叶，无包角，订线已断，纸捻脱落。

两册书叶均残破严重，中间部位的书叶稍完整，前后书叶书口部分大片残缺，只余小片书脑，部分书叶天头、地脚纸质脆化严重、中间部位絮化，两册书叶泛黄酸化严重，有明显霉斑和黄色水渍。

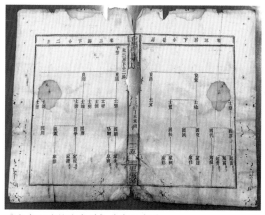

《台东涧溪鲍氏宗谱》病害示意图

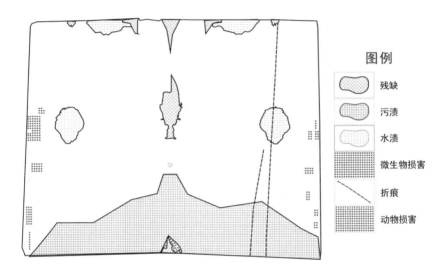

图例

残缺	
污渍	
水渍	
微生物损害	
折痕	
动物损害	

2. 制定方案

病害现状	保护措施
书籍纸质酸化、且有各种污渍	因为书叶具有一定强度，采用热水淋洗来去除污渍，降低书叶酸度
脆化、破损残缺小的书叶	先湿补，补洞完成后用薄皮纸加固
纸质尚好，但有大片残缺的书叶	用竹纸托纸完成后，在残缺部位用薄皮纸隐补
修复难点	**解决方法**
书叶尺寸极大，集多种病害于一身	同张书叶上，运用不同修复技法，彼此协调以确保修复后书叶的平整

3. 材料选择

《台东涧溪鲍氏宗谱》检测分析一览表

检测项目	书叶	选择的修复用纸		仪器型号
		浙江宁波棠岙竹纸	安徽潜山薄皮纸	
纤维种类	竹	竹	皮	VHX-2000超景深三维数码显微镜
表面酸碱度	4.95	6.51	6.38	德国WTW-pH 3310型pH计（平头电极）
平均厚度/μm	50.4	40.5	16.6	PN-PT6厚度测定仪
白度/%	18.9	26.4	54.6 染色后28.1	PN-48B白度颜色测定仪
写印色料水溶性	遇水稳定	无	无	湿润棉签擦拭墨色较浓文字，未溶解

检测环境：温度：（23±1）℃、相对湿度：50±2%

经过检测数据与手工纸库的纸样检测数据比对，选择浙江奉化棠岙的竹纸作为书叶的修复用纸、薄皮纸作为加固用纸，考虑到薄皮纸的白度值较高，采用浸染法对薄皮纸进行染色处理。

4.保护修复实施

《台东涧溪鲍氏宗谱》保护修复流程

1.拆揭书叶	为防絮化部位的纤维断裂，使用柔软轻薄的竹启子，采用干揭法，轻挑斜揭，分离书叶。	
2.清洗书叶	表面清洁： 使用毛刷和马蹄刀，采用表面清洁法清理书叶表面的污渍和虫屎斑。	
	水淋法： 用70℃左右热水淋洗，在上面覆盖一张宣纸来保护书叶。	

3.修补书叶	缺损部位能直接修补的书叶：采用干补或湿补法用竹纸修补破洞； 脆化、絮化书叶：采用湿补加托纸加固的方法，用竹纸修补后，再用薄皮纸整托加固。补纸的接口部位做"刮斜口"处理，以降低补纸和书叶搭接处的厚度，从而保持书叶厚度均匀； 脆化、絮化、缺损部位大的书叶：采用隐补法，先用竹纸对书叶整托，再在残缺部位背后填补一层薄皮纸； 书口开裂的书叶：用长条薄皮纸补书口。	
4.润湿压平	修补后的书叶及时喷湿潮润，每张书叶上、下各垫一张吸水纸，压平。每天更换吸水纸，促其干燥、平整。	
5.折叶修剪	两册书叶版心位置部分残缺，原折缝难见，选择相对完整的第八叶作为基准叶，并以此为标准，将两册书叶折叶、四周剪齐。	

6.锤平书叶	修复后的书叶撴齐后，用敲锤对修补部位进行捶平。	
7.齐栏压实	将对齐书口和栏线的书叶分沓放在夹书板中，用压书机压平。	
8.穿捻捆结	上下各加两张护叶，在书芯原来的钉眼处用纸捻钉贯穿书芯。	
9.丝线装订	加装书皮，在书芯原书眼位置订线。	

修复效果对比图

5. 质量评估

修复后的《台东涧溪鲍氏宗谱》外观整体平整；封面和补纸的颜色、质地、厚度选择合适；书叶四边齐整、垂直；采用原纸捻和书眼位置，纸捻和订线松紧适度；书叶叶码顺序准确；书叶柔软、无脱浆、起皱现象；补纸搭接宽度控制在 2 毫米左右，叶面整洁、平整，符合修复要求。

[贰] 修复成果

1. 明代科举录

科举录是天一阁原藏书，历经岁月磨难，残破、虫蛀等病害

较严重，阁内历代匠师都有修复。严春航 1958—1961 年《天一阁修补书册工作记录》中就有《宣德五年进士登科录》《洪武四年进士登科录》等古籍的详细修复情况记录。1964—1971 年间，洪可尧的修复目录里也有很多科举录的记载。1996 年，王金玉、李大东等对馆内收藏的 421 册明代科举录进行病害调研，发现破损书叶总数达 4 万余张，因此启动馆藏明代科举录修复项目。由于部

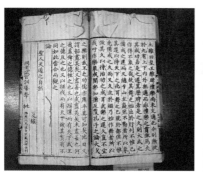

明成化刻本《成化二十二年丙午科浙江乡试录》修复前

明成化刻本《成化二十二年丙午科浙江乡试录》修复后

明嘉靖刻本《嘉靖十六年丁酉科福建乡试录》修复前

明嘉靖刻本《嘉靖十六年丁酉科福建乡试录》修复后

分书册已严重霉变板结成一块"书砖",拆揭工作极其艰难,修复小组慢慢探索出"蒸、浸、泡、熏、凉"的一整套前期分叶办法,将板结的纸张用竹签小心挑离,有时一天还揭不下一页纸,历经10年,完成414册科举录的修复保护。修复后古籍以《明代科举录选刊》为总名,影印出版了《登科录》《会试录》《乡试录》,使往日稀少难见的珍贵科举文献,从深藏于阁中的镇馆之宝,变得普及易得,既嘉惠学林,便于科举研究者的使用,又推向社会,满足广大读者的检阅。

2. 明代地方志

同科举录一样,历代匠师对地方志的修复也从未间断,严春航、洪可尧、李大东、王金玉的修复古籍目录里均有地方志的记录。2010年起,在总结馆藏科举录修复经验基础上,王金玉又带领团队,历时6年完成182册明代地方志的修复。修复后影印出

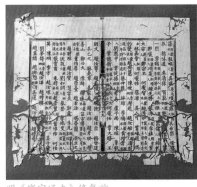
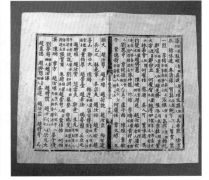

明《寰宇通志》修复前　　　　　明《寰宇通志》修复后

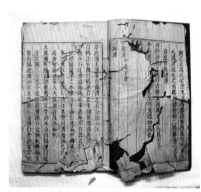

《东吴水利考》修复前

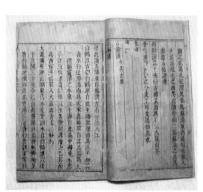

《东吴水利考》修复后

《京口三山续志》修复前

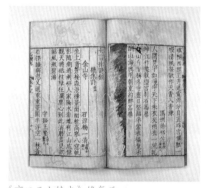

《京口三山续志》修复后

版的《天一阁藏明代方志选刊》72 册、《（嘉靖）宁波府志》2 册、《天一阁藏历代方志汇刊》850 册等，推动方志史学、地域学的探究深化，给众多的学者开展学术研究提供了极大的方便。

3. 新征集浙江地区旧家谱

除明代地方志和明代科举录外，历代碑帖拓本与家谱也是天一阁馆藏的重要组成部分。近几年，天一阁又分批入藏了大量浙

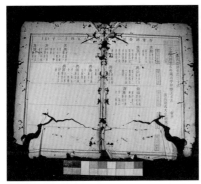
《蒋氏宗谱》修复前

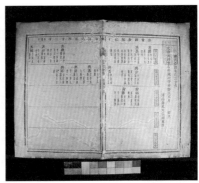
《蒋氏宗谱》修复后

江地区旧家谱，但新入藏古籍破损情况较为普遍，自2017年开始，修复人员持续推进第一批573册家谱的修复工作。该批古籍属于普通古籍，修复团队总结前期修复经验，通过技能培训、研讨交流、绩效考核等多种方式，实现了古籍修复质与量的双提升。目前，团队共计完成修复441册48910叶，占修复总量的77%，同步完成修复档案的编制和归档。

4. 国家珍贵古籍修复

2019年，天一阁启动列入《国家珍贵古籍名录》和濒危古籍的修复工作。在前期对已入编《国家珍贵古籍名录》的古籍进行破损状况调研及专家研讨论证基础上，开展严重破损古籍《复庄今乐府选》的抢救修复保护工作。

《复庄今乐府选》是晚清文学家姚燮编选的历代杂剧、院本、散曲、衢歌等戏剧类文学作品总集，现存170册，分藏在国家图书馆、浙江图书馆、宁波天一阁博物院三处。天一阁现藏58册，由朱氏家族捐赠，其中19册损毁最为严重。本套古籍的修复难点是古籍书叶颜色泛黄程度不一，甚至一页古籍就呈现多种色差，补纸选择难度大。同时底部书根字处破损严重，补纸易盖住书根字的墨点，影响书册整体效果。王金玉带领董捷、谢龙龙、齐红祥三位古籍修复师组成修复小组，根据修复方案，对修复实施技术路线进行了详细周密的部署，定下了"小、中修干补，大、特

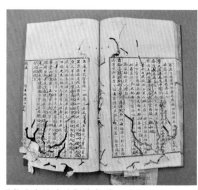

《复庄今乐府选》修复前

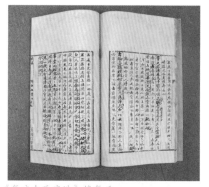

《复庄今乐府选》修复后

《碧溪赋》修复前

《碧溪赋》修复后

修干湿补相结合，以及溜口、托纸加固、隐补"的修复总基调，历时 18 个月，完成 58 册古籍的修复。修复后的书叶颜色与补纸颜色相近、达到"远看相似、近观可辨"的效果，且补纸不盖住书根字的墨点，使书根字尽量完整保留，为古籍的展览、出版、研究及长期保存奠定了基础。

除《复庄今乐府选》外，还完成了《碧溪赋》《夜航船》《北曲联珠》《摄山栖霞寺志》等国家珍贵古籍的修复保护。

5. 为社会提供纸质文物修复服务

以天一阁古籍修复技艺为依托，天一阁积极发挥国家级古籍修复中心技术优势作用，辐射周边，协助多家单位完成纸质文物保护项目。

2013 年，鄞州区文物管理委员会办公室委托天一阁完成《清光绪三年张嘉禄钦点翰林院庶吉士捷报》修复项目。该捷报张贴在张俞村祠堂中堂的大面板处历时 137 年，存在脆化、残缺、断裂、污渍、粘连等多种病害，修复人员将捷报揭取后，运用表面清洁、复位拼接、揭褙纸、托纸、隐补、加固等技法进行保护修复，使捷报焕发新生。2016 年，修复中心承接玉环县

《清光绪三年张嘉禄钦点翰林院庶吉士捷报》修复前

揭取

拼接

托衬纸

《清光绪三年张嘉禄钦点翰林院庶吉士捷报》修复后

文管办藏《御批历代通鉴辑览》《特辑玉环厅志》等修复项目，针对破损书叶的污渍大小程度，修复人员分别采用水淋法与水洇法清洗书叶；对破损、絮化严重的书叶，先采用薄皮纸整托加固，再用隐补法修复。修复后的古籍酸度降低、强度提高，得到收藏单位的肯定和认可。2020年，受金华市文物保护与考古研究所委托，编制修复方案，承接《太平天国侍王府纪念馆纸质文物修复

《康熙五十年契约》修复前

《康熙五十年契约》修复后

和仿制服务项目》，共计完成22件／套（含珍贵文物7件／套）

文书修复工作，修复效果良好。2021年，受杭州博物馆委托修复

《近现代名人信札抢救修复保护》项目，共计完成85件珍贵信札

文物的修复和装裱。针对部分双面有字的信札及信封，修复人员

借鉴古籍书叶的翻阅方式，改进蝴蝶式册页装帧方法，创造性地

太平天国文书修复

地图修复

设计了可翻转的双面阅读装帧形式，既保留了文物原始信息，又为展览、保存、研究提供了便利。

此外，天一阁还先后完成舟山档案馆 6086 张民国档案修复、鄞州区文联收藏 55 册清末、民国各种版本《三字经》修复、镇海口海防历史博物馆 60 幅书画装裱、舟山博物馆三毛作品修复保护、华茂美术馆刘海粟作品修复、宁波效实中学沙孟海书法修复等，同时连续四年承接宁波档案馆地图修复项目，共计完成四批 36 幅清至民国地图修复工作。

据统计，2010 年以来天一阁先后承接纸质文物修复项目 38 项，累计完成古籍 3157 叶、文书 6659 件，书画 142 幅的修复保护。

四、传承与保护

天一阁古籍修复技艺自明中期开始，历经清代、民国，至当代。这期间虽因战乱而有过式微，但从未中断。中华人民共和国成立后，天一阁古籍修复技艺得到更好的传承和传播。

四、传承与保护

　　天一阁古籍修复技艺自明中期开始，历经清代、民国，至当代。这期间虽因战乱而有过式微，但从未中断。中华人民共和国成立后，天一阁古籍修复技艺得到更好的传承和传播。

　　近年来，天一阁博物院每年为古籍修复、保护、宣传、出版等工作提供充裕资金保障，使技艺得到传承以及有效的保护和利用，随着人员的交流、技艺的切磋、项目的承接、媒体的宣传，目前技艺已在全国甚至东亚地区有一定的传播与影响。

［壹］存续情况

　　1996 年，宁波市政府特批 5 名编制，建立并完善了古籍修复队伍，先后输送专业人员王金玉、李大东、董捷等至国家图书馆、上海图书馆学习培训，修复技术得到进一步提高。2007 年，国务院启动"中华古籍保护计划"，这是我国历史上首次由国家主持开展的全国性古籍保护工程。在"中华古籍保护计划"的推动下，天一阁成立专业修复部门——藏品修复部，负责馆藏古籍的修复保护。2009 年，建成 500 平方米的古籍修复室、书画装裱室和中心实验室，取得国家文物局颁发的"纸质类可移动文物修复资质"

证书，成为文化部首批 12 家"国家级古籍修复中心"之一。

以此为契机，天一阁积极推动古籍修复保护工作，通过古籍普查与文献分类整理，在"全国古籍普查登记基本数据库"公开发布数据 18161 条（127911 册图书），5493 册馆藏古籍列入第一批至第六批《国家珍贵古籍名录》，完成明代科举录、地方志、《天圣令》《夜航船》等孤本善本 1000 余册，家谱等普通古籍 500 余册的抢救性修复。修复后的古籍通过数字化、出版等得到再次利用，先后出版《天一阁藏历代方志汇刊》《天一阁藏明代科举录选刊》《天一阁藏范氏奇书》等千余册，天一阁古籍阅览室和古籍数字资源网累计访客量已超 300 万人次。传承人队伍也得到发展壮大，形成了以省级代表性传承人为核心、14 名技术骨干的专业团队，团队专业背景以古籍修复、书画装裱、化学材料学、纸张保护学等多学科复合交叉，技能全面。

2016 年，天一阁古籍修复技艺列入浙江省非物质文化遗产代表性项目。2020 年，国家古籍修复中心批准在天一阁设立"国家级古籍修复技艺传习中心天一阁博物馆传习所"，传习所聘请王金玉为导师，开展古籍修复、书画修复装裱技艺等传习工作，由此天一阁跻身国家级古籍修复技艺的教学与传授机构。传习所成立后，天一阁积极拓宽古籍修复技艺人才培养渠道、建立古籍修复人才培养的长效机制，一是不断加大古籍修复专业人才培养力度，除依托本馆专业力量外，还聘请国家级非物质文化遗产项目古籍修复技艺代表性传承人杜伟生及国内资深古籍修复专家潘美娣老师担任导师，在传习所开展古籍修复技艺的指导工作，充分发挥国家级专家在古籍修复领域的学术带头和技术传承作用，在天一阁建立一支年龄结构合理、技术熟练、技能全面、人员稳定的古籍修复专业人员队伍。二是进一步提升古籍修复的质和量。在完成馆内基础维护和新征集古籍抢救性修复保护工作的同时，加强馆藏珍贵古籍修复工作，重点做好列入《国家珍贵古籍名录》和濒危古籍的修复工作。通过馆藏《复庄今乐府选》等重点修复项

国家级古籍修复技艺传习中心天一阁博物馆传习所揭牌

目培养了一批高层次修复人才，带动古籍修复队伍建设。三是持续推进古籍修复技艺的传播与培训。除定期举办宁波地区的古籍修复技艺培训外，还加强与浙江传习所的业务交流，同时依托国家古籍保护中心聘请传习导师，承办国家级古籍修复技艺传习中心"师带徒"培训任务，为提升和推动全国古籍保护向更高层次、更高规模发展做出贡献。面向公众打造的"大美古籍"及"小小修复师"活动品牌，不断丰富活动内容，扩大活动影响，推动天一阁古籍修复技艺的传承、传播与可持续发展。

从近20年发展情况来看，天一阁古籍修复技艺随着天一阁博物馆的发展而得到传承以及有效地保护和利用，各项工作有序而迅速开展。

[贰] 传播影响

明清两代，天一阁古籍修复技艺主要以天一阁为核心，和江南地区的各个藏书楼、私塾、府学、刻书坊、抄书坊等共同开展古籍装订修复活动。民国时期，天一阁古籍修复技艺虽有流传，但扩展辐射区域不大，主要以修复天一阁藏古籍为主，还服务于宁波地区藏书家。中华人民共和国成立后，特别是随着天一阁博物馆的发展壮大，天一阁古籍修复技艺进一步得到弘扬，近20年来，伴随对外承接古籍抢救性修复项目的开展、各种行业交流的日益频繁、新闻媒体的加大关注、国家对传统技艺的保护和投入等，传播逐渐覆盖宁波全境乃至浙东、江浙地区。2015 年，受联合国教科文组织的委托，天一阁代表中国编撰完成《古籍与文书修复导则》，并承办成果发布会、展览及东亚纸质文物保护学术研讨会，使天一阁古籍修复技艺影响扩展到日本、韩国、朝鲜等东亚地区。

1. 宣传报道

近年来，随着社会公众对非遗工作的日益关注，新闻媒体也加大了对非遗的宣传报道，天一阁灵活运用传统媒体与新媒体，多角度、多层次对古籍修复技艺相关的展览、培训及传承活动等进行报道。中央电视台《远方的家》栏目从南国书城的万卷藏书着手，向观众介绍了范氏藏书保护的重要保障——天一阁古籍修复技艺，并采访、记录了技艺的主要流程及传承群体；央视网"直播中国"栏目邀请项目代表性传承人王金玉以"天一阁古籍修复师"为主题，现场讲述了自己近 40 年的古籍修复经历；浙江卫视"匠由心生"、宁波电视台《江南话语》对天一阁古籍修复师的工作和生活状态进行了专访；传承人王金玉和其他传承群体，还先后受邀做客宁波电视台"讲述者""讲大道"等栏目，参与节目录制，向公众介绍天一阁古籍修复的现状、特色及修复成果。2016年，天一阁联合宁波电视台拍摄《宁波天一阁古籍修复技艺》，获首届宁波职工网络文化节"职工微电影"银奖。2019 年，《修复历史的技艺——天一阁修书》入围文化和旅游部"文化和自然遗产日非遗影像展"。

除电视台外，天一阁还多次接受纸媒与新媒体对古籍修复技艺的专访和现场直播采访。据统计，2010年以来，天一阁古籍修复技艺先后在各级电视电台播出30余次，纸媒宣传报道50余次，新华社客户端、网易、腾讯、澎湃新闻等新媒体累计报道100余次，吸引了全国各地观众的关注。

2. 业务培训

业务培训与学术交流也是天一阁古籍修复技艺传承传播的重要途径。2018年与2019年，天一阁先后举办宁波市古籍修复基础培训班与全省纸质文物保护修复培训班，来自全省52家古籍收藏

宁波市古籍修复基础培训班

全省纸质文物保护修复培训班

单位的 65 名学员参加培训。培训主要由王金玉授课，课程强调理论结合实践，学员们在使用工具、选择材料、修补书叶、制作线装书等知识和技能上得到了提高和完善，有能力解决本单位日常古籍保护中遇到的实际问题。

2022 年，天一阁承办"第十一期全国古籍修复技术与工作管理研修班"，为全国 13 个省、市的 35 名学员提供学习交流平台。此次研修班的特色是以师生研修为教学模式、以珍贵古籍修复技术为授课内容，通过集中研修，不断积累经验解决实际修复中的问题，从而全面提升我国古籍修复的水平。培训历时 27 天，每位学员在独立修复一册古籍的过程中，深入体验了天一阁完整的修复理念及操作流程，对柔软平整、最少干预等修复总原则有了新体悟，并将天一阁特色的专业、精工、量书裁衣、典雅天成的修

第十一期全国古籍修复技术与工作管理研修班

复风格与个人特点相结合，探索出适合自身的修复道路。

3. 学术交流

十余年来，项目传承群体积极与国内外高校、文博机构开展学术交流活动，也极大地推动了项目的传播与发展。代表性传承人王金玉多次参加国际、国内学术研讨会，并作主题报告，带领项目传承群体赴浙江图书馆、上海图书馆、南京图书馆、南京艺术学院等，交流古籍修复技艺，也促进了技艺在全国范围的传播。董捷、于美娜等多次发表专业论文，介绍天一阁古籍修复技艺的理念与项目建设工作。尤其是 2013 年，受台湾艺术大学古籍与书画维护系邀请，天一阁派员赴台湾讲授古籍与字画维护课程 40 天，进一步推动了项目的影响力。

由于天一阁在古籍修复方面的突出成绩和项目完成过程中做出的突出贡献，2015 年 12 月，联合国教科文组织在天一阁举办"纸张保护：东亚纸张保护方法和纸张制造传统"项目成果发布会暨展览开幕式和东亚纸质文物保护学术研讨会系列活动。联合国教科文组织驻华代表处文化项目官员古榕女士、中国华夏文化遗产基金会会长耿莹女士、中国国家文物局博物馆与社会文物司司长段勇先生、浙江省文物局副局长郑建华先生、宁波市人民政府副秘书长黄志明先生、宁波市文化广电新闻出版局局长赵惠峰先生、东亚文化遗产保护学会纸质文物保护专业委员会会长冈兴造先生、蒙古联合国教科文组织全国委员会国家项目协调员千木朵兰女士以及东亚五国 100 余名专家、学者出席了成果发布会，并参观了展览。来自日本、韩国、朝鲜、蒙古及国内的纸质文物保护专家还参加了同期举办的纸质文物保护修复学术研讨会，东亚五国的古籍书画修复、保护专家聚集宁波，交流各国纸质文物保护的技法和经验，共同切磋为古籍书画"延寿续命"之道。天一阁博物馆馆长和项目传承人都在研讨会上做了交流发言。会后，很多专家专程到天一阁古籍修复中心参观交流，并认可天一阁古籍修复技艺作为江南地区古籍修复的杰出代表。

4. 传承与传播活动

天一阁古籍修复技艺薪火相传、师徒相继，一代代修复师在

书·技·匠——天一阁古籍修复技艺展

老范修书记——天一阁古籍修复技艺展

"小小修复师"走进江北实验小学

清风拂面——手工折扇制作体验活动

阿拉伯国家文博专家古籍修复体验活动

"小小修复师"走进鄞州第二实验学校

糨糊、镊子、毛笔等工具的陪伴中默默坚守、妙手仁心，为古籍"延年益寿"。但对普通大众而言，古籍修复技艺一直笼罩着不可近观的神秘感。因此，天一阁每年举办一系列传承推广活动，以人们喜闻乐见的形式，向公众展示古籍修复技艺的匠心之美。

一方面，精心策划古籍修复技艺专题展览，如"书·技·匠——天一阁古籍修复技艺展"，从一部古籍说起，梳理和总结了天一阁古籍修复技艺流程及特色，其中"技——巧手医书"用40余种、150余件实物展品，展示各类古籍修复方法、装帧形制以及修复工具，加以视频讲解，细致梳理古籍修复技艺流程，揭开这一技艺的神秘面纱。

2019 年国际博物馆日期间，天一阁在人流量较大、受众面相对较广的地铁站举办"老范修书记——天一阁古籍修复技艺展"，展览用俏皮的卡通形式和漫画场景，以天一阁创始人"老范"为第一人称的独特视角，用诙谐幽默的语调给南来北往的行人展示完整的古籍修复过程，精心诠释了天一阁历代传承的修复技法与现代科学技术和传统审美观念有机融合的古籍修复技艺。同时，还辅以古籍装帧形式和修复工具、古籍修复微电影、相关文创展示等，在有限的空间里以多元形式全方位展示天一阁的书香文化。天一阁的网红"阁主大大"坐地铁出阁去观展，新颖别致的宣传手段，让传统文化在青年一代的生活中"活起来"。

天一阁还精心打造了"大美·古籍"及"小小修复师"系列体验活动品牌，"大美·古籍"定期策划古籍修复相关的体验活动，如趣味花笺手工抄纸、碑帖传拓、潮玩纸浆京剧脸谱、制作仿古卷轴等，集专业性与趣味性于一体，受到许多市民的追捧。"我是小小修复师"进校园活动，不仅为学生提供了一个展示自我、认识自我的舞台，还积极发挥了博物馆与当代课堂模式教学相补益的"第二课堂"的作用，成为宁波大中小学生最欢迎的社会实践课之一。

开展线下活动的同时，天一阁还创新形式，在线上推出了"云围观"和"云课程"。其中"云围观：天一阁古籍修复技艺"，通过在线直播修复师的日常工作状态，带领大家围观神秘的古籍修复室，感受高冷寂寞的古籍修复工作，让公众更直观地了解古籍修复的意义，累计点击量超 100 万人次。上线"天一阁古籍修复技艺"系列教学课程，首次通过网络平台，以视频的形式进行古籍修复技艺教学，体现天一阁古籍修复技艺的特色和特点。每年浙江书展期间，天一阁推出的古籍修复系列体验活动，都是展会的网红打卡地，其中 2020 年度"古籍馆"的抖音小视频观看量超 100 万人次，再次引爆全社会对古籍、对中国传统文化的关注和热爱，生动地践行了让书写在古籍里的文字活起来的宗旨。

[叁] 代表人物

由于历代修复匠人无署名的习惯，且年代久远，明清两代的传承人姓名已无法考证，但修复技艺一直口手相传。中华人民共和国成立后，天一阁设修书员，严春航、蒋连福、柴师傅等陆续开始专职在阁内修书。1960 年，洪可尧师承严春航，之后，又先后传承王金玉、李大东、施美君、邱丹凤等人。如今，董捷、于美娜、谢龙龙、丁胜男、齐红祥、张婧等师承王金玉，薪火相传。

1. 严春航

严春航，男，生卒年不详，是"天一阁古籍修复技艺"有文字记载的第一代传承人。

清末民国时期，严春航跟随师傅从事古籍修复工作，主要服务于宁波地区藏书家、藏书楼、府学及书坊。中华人民共和国成立后，专职在阁内修书，现在天一阁还保留有 1958—1961 年间严春航的修复工作记录本，内容包括古籍领用及交还日期、册数、主要病害情况、修复方法等，其中古籍病害记录中常见"虫伤""霉伤""水渍腐败""缺页腐败""水渍糊败霉烂缺页""霉糊败缺角不完全"等描述，间接反映天一阁古籍病害特征以虫蛀、霉烂为主，是"天一阁古籍修复技艺"重要实物资料。

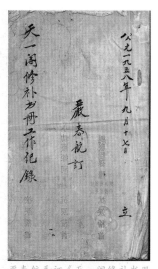

严春航手订《天一阁修补书册工作记录》

根据《天一阁修补书册工作记录》中修复书册目录统计结果，1958—1961 年间，严春航修复完成《宣德五年进士登科录》《黄舆考》《安庆府志》《和州志》等古籍 59 部 192 册。

2. 洪可尧

洪可尧，男，1938 年生，浙江宁波人。1960 年进入天一阁学习古籍修复技艺，师承严春航，之后又先后传承王金玉、李大东、施美君、邱丹凤等人，是"宁波天一阁古籍修复技艺"第二代传承人。

1964 年 1 月至 1966 年 2 月，洪可尧赴国立北京图书馆（现国家图书馆）参加古籍修复培训，其间得到魏梅占、李道志等古

洪可尧

籍修复专家的指导。回馆后，先后完成馆藏明代科举录、明代地方志、《范氏奇书》《皇朝名臣言行通录》《朱子实纪》《紫阳文公先生年谱》等馆藏珍贵善本的修复工作。根据《天一阁藏书史志》（骆兆平编纂，上海古籍出版社）统计，1964 年至 1971 年间，洪可尧修复古籍 37 部 101 册。

在"文化大革命"十年动乱中，宁波民间收藏的大批古籍被视为"四旧"而予以抄没，有些被当作废纸送到造纸厂或印刷厂。洪可尧、邱嗣斌等天一阁工作人员四处奔走，搜寻珍本，保护了一大批古籍，并从废纸堆中捡得天一阁原藏《边华泉集》和《桂洲诗集》残本二种，为天一阁古籍的访归及增藏做出了重要贡献。

1996 年，洪可尧获"宁波市劳动模范"荣誉称号。

3. 王金玉

王金玉，女，1962 年 9 月生，浙江宁波人，"天一阁古籍修复技艺"项目代表性传承人，国家级古籍修复技艺传习中心天一阁博物馆传习所导师。

王金玉 16 岁进入天一阁，师承洪可尧学习古籍修复，当时，王金玉算是天一阁修复团队中年纪最小的一位，但心灵手巧、学习刻苦、进步神速，较快地具备了修复善本古籍的水平。其间，先后赴上海图书馆、国家图书馆学习进修，经赵嘉福、潘美娣、杜伟生等古籍修复专家亲授技艺，同时得到上海中国画院刘益三、

王金玉

上海博物馆黄桂芝、故宫张金英、荣宝斋冯鹏生四位装裱大师的指导。王金玉至今从事纸质文物修复工作 40 余年，具有丰富的修复经验和高超的专业技术水平。对技艺精益求精，不仅将宁波传统古籍修复技艺和书画修复装裱技艺融会贯通，而且将天一阁历代传承的修复技法与现代科学技术及传统审美观念有机融合，诠释了独具特色、典雅规范的天一阁古籍修复风格。

40 年来，王金玉踏实工作、辛勤耕耘，可谓硕果累累、成绩斐然：制定编写了 10 多个古籍修复方案，比如天一阁馆藏明代科举录 50 册修复方案、天一阁"十二五"期间馆藏地方志修复方案、馆藏国家珍贵古籍修复保护方案等；修复馆藏古籍善本百余册，包括《嘉靖七年福建乡试录》《万历二年会试录》等明代科举录 31 册、《天圣令》《夜航船》《西都杂例》等明刻本 8 册等；同时还修复了百余幅馆藏明清书画藏品，如《赵叔孺墨马图》等等；独立修复残缺破损馆藏清拓本碑帖、清鄞县地图、民国地契等档案资料；还装裱了现代各种形式字画作品几千幅。

2007 年起，王金玉担任天一阁博物馆藏品修复部主任，主持古籍修复中心的日常工作，致力于馆藏亟待修复的古籍，特别是善本、孤本的修复及书画修复装裱工作。带领团队一起完成馆藏明代地方志 135 册、清稿本《复庄今乐府选》58 册、浙东地区旧家谱 400 册的修复工作；完成 6000 余张馆藏碑帖修复镶衬；2015

年，王金玉带领团队完成联合国教科文组织委托项目《古籍与文书修复导则》的编写，成为联合国向世界推荐的古籍与文书修复工作的规范化操作文本。2016 年起，王金玉开始主持承担馆外纸质文物修复项目，进一步提升了天一阁古籍修复中心的对外影响力，使天一阁古籍修复技艺更好地服务社会。

在完成馆藏古籍修复任务的同时，王金玉还积极推动天一阁古籍修复技艺的传承发展。一是注重天一阁古籍修复技艺的交流与提升。在各类专业期刊发表专业论文 10 余篇，还多次参加国际、国内各类学术研讨会并作主题报告，例如第一、二届"中国文物保护技术协会学术年会"、第三、五、六届"东亚纸质文物保护修复国际学术研讨会"等等。

二是注重天一阁古籍修复技艺的人才培养。自 2008 年至今，天一阁古籍修复中心与南京金陵科技学院签订了《古籍修复与鉴定》专业的大学生实习基地，通过对大学生的专业指导与培养，从中择优录用了一批古籍修复专业的好苗子，不断地充实部门的修复人才队伍。2018 年起，天一阁先后开办宁波市古籍修复基础培训班、全省纸质文物保护修复培训班、第十一期全国古籍修复技术与工作管理研修班，王金玉担任培训导师，无私地将自己 40 余年的修复技艺倾囊相授，为全国古籍修复事业培养专业人员。同时为了进一步提升传承群体的古籍修复技术水平、提高修复队伍的整体素质，部门每年举办技能培训、岗位练兵活动，逐步养成良好的学习专业技术风气，现已建立了一支由14名专业技术人员组成的多学科多领域交叉的古籍修复专业团队。

"国家级古籍修复技艺传习中心天一阁博物院传习所"成立后，王金玉根据谢龙龙、周文斌、张婧三位学徒的技能水平并结合修复工作实际，制定了切实可行的"师带徒"传习计划。目前，三位徒弟的天一阁古籍修复技艺与书画装裱修复技艺均得到进一步提高，并成长为天一阁古籍保护修复队伍的骨干力量。

三是定期展演和传播天一阁古籍修复技艺。带领部门人员，定期开展"大美·古籍"系列活动，通过寓教于乐的形式让普通市民了解修复、装裱、传拓等方面的基础知识；策划的"小小修复师"天一阁古籍修复技艺进校园活动，荣获2022年宁波市中小学生研学实践教育优秀课程。参加中国宁波特色文化产业博览会、宁波国际旅游展、浙江书展等，传播古籍修复基础知识，扩大了社会影响。

王金玉先后获国家、省文物局颁发的"从事文物工作三十年""最美浙江文物守望者（最美文物修复师）"、2017年"宁波市巾帼建功标兵"、宁波市"五一劳动奖章"、2018年宁波改革开放40周年杰出女性·领军人物、2016—2018年度宁波市劳动模范、2021年度"宁波好人"等荣誉。

4. 李大东

李大东，男，1948 年 10 月生，浙江宁波人。1981 年进入宁波市天一阁博物馆，师承洪可尧学习古籍修复技艺，同时从事库房管理及编目工作。1989 年 8 月至 1990 年 1 月，赴上海图书馆参加由文化部举办的古籍修复技术培训班，其间得到赵嘉福等古籍修复专家的指导。

工作期间，参与清防阁、蜗寄庐二家藏书楼捐赠的两万余卷古籍的编目工作；参与馆藏明代科举录修复项目，协助完成馆藏明代科举录保存现状调查、病害评估、方案编制。修复完成《正德六年进士登科录》《成化十七年进士登科录》等明代科举录 59

李大东

册，《康熙化州志》《天一阁集》等珍贵古籍善本 120 余册。1997年，结合古籍修复经验，协助宁波奉化棠云造纸工坊成功抄造符合古籍修复要求的棠云纸，在一定程度上缓解了国内古籍修复用纸紧张的重大难题。

先后发表论文《浅谈古籍修复的若干要点》《关于对奉化棠云传统造纸作坊技术的调查》《天一阁古籍纸的分析及护养经验浅谈》等，其中《明清进士题名录索引校勘记》荣获 1995 年宁波市文博系统首届优秀学术成果优秀奖。

2008 年退休。

5. 邱丹凤

邱丹凤，女，1957 年 10月生，浙江宁波人。

1987 年进入宁波市天一阁博物馆，师承洪可尧，学习古籍修复技艺，完成"蜗寄庐"藏本《陶渊明文集》《随园续同人文集》等古籍的修复工作。后期参与馆藏明代

邱丹凤

科举录修复项目，完成《嘉靖八年会试录》《嘉靖二十九年进士登科录》《嘉靖十三年应天府乡试录》等珍贵善本的修复保护工作。

2007 年，转岗到天一阁博物馆管辖下的银台第官宅博物馆从事纸质文物日常管理和维护工作，2012 年退休。

6. 施美君

施美君，女，1949 年 11 月生，浙江宁波人。

1975 年进入宁波市天一阁文保所实习，这期间，师承洪可尧学习古籍修复技艺。1982 年调入天一阁博物馆，从事古籍修复工作，完成"清防阁"藏本《十六王精蕴》（抄本）、"蜗寄庐"藏本《杨椒山先生集》等古籍的修复工作。后期参与馆藏明代科举录修复项目，完成《嘉靖

施美君

十四年进士登科录》《嘉靖二十三年会试录》等珍贵善本的修复保护工作。

1999 年，进入普本库房从事古籍基础维护工作，先后将数千册破损的馆藏普本古籍更换或添加封皮予以保护，直至 2004 年退休。

7. 董捷

董捷，女，1972 年 8 月生，浙江宁波人。

1999 年 5 月入职宁波市天一阁博物馆，一直在文物修复一线从事纸质文物的修复保护工作，在王金玉、李大东等前辈老师的悉心指点教导下，在古籍修复、书画装裱、碑帖传拓等纸质文物修复方面有了全面的提升。目前主要承担馆藏书画及善本古籍藏品的修复工作。

2004 年起先后参与明代科举录、明代地方志、《复庄今乐府选》等入选《国家珍贵古籍名录》的馆藏善本古籍修复工作，完成古籍修复 164 册 10908 叶，其中善本古籍 139 册，占修复总量

董捷

的 85%。由于天一阁藏明代方志纸张的特殊性（多以棉纸为主），絮化较为严重，董捷协助团队，融合书画修复与古籍修复工艺，将干补、湿补、隐补、托纸加固等修复方法相结合，取得了较好的修复效果。近年来，随着馆里向社会征集"家谱"力度的不断加大，她和部门同仁一起投入到大量残破家谱的修复当中，其中参与完成的《台东涧溪鲍氏宗谱》与《清光绪三年张嘉禄翰林院庶吉士敕封》捷报分别作为古籍、文书修复案例入选联合国教科文组织《古籍与文书修复导则》，为相关纸质文物修复工作者提供了翔实可操作的修复参考实例。

经过多年的努力和坚守，董捷已经完成了从传统"修书匠"到新时代纸质文物"修复师"的蜕变。2021 年，董捷被命名为宁波市非物质文化遗产"古字画装裱修复技艺"代表性传承人。

8. 于美娜

于美娜，女，1982 年生，吉林长春人。

于美娜毕业于吉林艺术学院绘画专业（古画修复与装裱），2006 年入职天一阁博物馆藏品修复部。入职以来，主要从事馆藏纸质类文物的修复抢救工作，擅长古籍、书画、金石碑帖等纸质文献的修复。独立修复《康熙孟县志》《嘉靖仪封县志》等珍贵善本古籍。参与修复明《寰宇通志》《清光绪三年张嘉禄翰林院庶吉士敕封》等。2016 年开始，与团队共同修复天一阁院藏新征集浙

于美娜

江家谱。独立修复的浙江《遂安湖峰王氏宗谱》经浙江省古籍保护中心评定，推送至国家图书馆，参加"妙手补书书可香"——全国古籍技艺竞赛暨成果展。同时承担馆藏书画装裱修复工作，独立修复沙耆《五马图》立轴、凌近仁书法立轴、清盛炳纬书法立轴等多幅书画作品。

　　在《藏书报》《艺术品鉴》《文物修复与研究》等报纸或刊物中发表学术论文 10 余篇，参加香港饶宗颐学术研讨会及第二届天一阁论坛"中国传统文化的审美观"国际学术研讨会，并做主题发言。

　　2016 年，作为授课老师，赴瑞安博物馆讲授古籍基础维护、古籍装帧技艺及拓片技艺等。

9. 谢龙龙

谢龙龙，男，1988 年 11 月生，江苏海门人，"天一阁古籍修复技艺"市级代表性传承人。

谢龙龙毕业于南京金陵科技学院古典文献（古籍修复）专业，2011 年入职天一阁博物馆藏品修复部，师从王金玉，学习天一阁古籍修复与书画修复装裱技艺。目前，已熟练掌握了天一阁古籍修复技艺的全部工序，尤善修复严重破损、絮化的珍贵古籍。入职至今，独立完成古籍修复 117 册 9083 叶，其中馆藏明代地方志等孤本、善本 57 册 4135 叶，入编《国家珍贵古籍名录》的珍贵古籍 24 册 1548 叶，同时完成书画修复 21 幅、碑帖镶衬 691 张，

谢龙龙

复制古籍 257 册。

谢龙龙参与天一阁馆藏《复庄今乐府选》修复项目，并作为主要修复人员，独立承担了其中 22 册古籍的修复工作。修复后古籍书叶平整，厚薄均匀，书根字保留完整，特别是对最后的装订工作更是精益求精，保证整册书装订后达到"书平口正、下脚与书口呈 90 度直角"的效果，顺利通过专家验收。

除《复庄今乐府选》外，谢龙龙还先后完成《康熙德化县志》《寰宇通志》《碧溪赋》《夜航船》等珍贵古籍修复，其修复后的古籍补纸选择合理，厚度适当、颜色和谐，展阅平整，档案资料完整、规范，多次受到国内古籍修复专家的好评。

近年来，谢龙龙还积极致力于天一阁古籍修复技艺的传播与推广，2020 年，其主讲的直播节目"云围观·古籍修复师的一天"，观看量突破百万人次；还参与组织策划"大美·古籍"系列活动，受到一致好评。

［肆］保护规划

1. 已有保护措施

（1）设备设施建设

"中华古籍保护计划"的实施，使古籍保护事业进入蓬勃发展阶段，天一阁积极响应，采取了一系列保护措施，推动了技艺的传承与发展。

首先是专项经费的保障。天一阁一直把古籍修复工作作为本馆重点工作之一，积极申请年度古籍保护修复专项资金，针对性地投入大量财力物力。获批"国家级古籍修复中心"后，2010年至2015年间，每年投入古籍修复专项经费50余万元。2016年以来，平均每年投入修复专项经费近百万元，重点保障古籍修复设备设施、修复材料、人员培训、学术交流等。

其次是修复场地及设备设施的配置。目前修复场地总计600余平方米，其中古籍修复室设有专用古籍修复室2间、书画装裱室1间、染纸操作室1间、中转库区1个、摄影间、纸样库、修复材料库各1间等。

在国家古籍保护中心配备的古籍修复专用仪器设备基础上，天一阁还自筹资金配置了纯水机、切纸机、显微镜、空气净化器、特殊照明日光灯等。2017年底建成可一次性消杀800余册古籍的专用消杀间，在针对性消杀古籍虫卵和霉菌方面发挥重要作用。2018年建成古籍修复用手工纸库，已储备各类手工纸500余种，并完成纸样数据的采集、检测工作，同步启动纸样数据库建设工作。2019年获得国家文物局的文物预防性保护专项经费，新增了分光光度计、多光谱相机、色差计、纤维仪、便携式X荧光能谱仪等一批仪器设备。目前，修复室拥有各类分析、检测仪器设备80余套，基本满足纸质文物分析与检测工作的日常所需，为修复工作提供了便利。

（2）传承人培养

对项目传承人的培养，一直是天一阁古籍修复技艺保护措施中的重要一环。依托天一阁博物院及国家级古籍修复中心，天一阁古籍修复技艺在场地、设备设施等方面占有一定优势，但传承问题依然严峻。一方面手工技艺相对比较辛苦，日复一日，从早坐到晚，需要耐得住寂寞。另一方面慢工出细活，从事古籍修复工作收入有限，很多人不得不弃艺改行，另谋生计，对传承队伍的稳定性有很大影响。

岗位技能培训

针对现实情况，天一阁积极探索有效传承之路。一是重视修复人才技能提升。依托天一阁古籍修复技艺代表性传承人王金玉，定期对全体人员集中培训，在古籍修复、书画装裱、碑帖传拓等方面加强指导；邀请国内资深修复专家杜伟生、潘美娣等来馆指导，全面提高专业人员修复技能；还积极派员参加馆外交流培训，以开阔眼界；依托工会平台，每年开展岗位练兵，以赛促学、以赛促练，每年通过不同修复项目的岗位练兵，增强技术人员的修复基本功和实操能力。二是积极提升制度建设，如古籍藏品交接管理制度、古籍修复档案制度、古籍修复质量评定标准等，使保护修复工作合理化、规范化、科学化。针对编外修复人员制定的《藏品修复部月度考核办法》及《宁波市天一阁博物馆藏品修复部星级评定标准》，通过星级评定与绩效考核相结合的形式，合理区分工资待遇，鼓励编外人员不断提高修复技术水平，充分发挥修复人员的工作积极性，稳定修复队伍，成效明显。

2. 保护计划

未来，天一阁古籍修复技艺将依托天一阁博物院，继续做好以下工作：

（1）增"量"，为更多的古籍续命。

持续开展古籍修复工作是古籍修复技艺生产性保护的重要内容，天一阁计划每年修复古籍 7000 页以上，同时承担委托修复项

目1~2项，为更多的古籍续命。围绕古籍修复工作，做好传承人技能提升、修复档案建设等，实现"以项目带动发展，以发展促进保护"。

（2）保"质"，让古籍得到更好的新生。

2008年，为了规范即将在全国图书馆开展的大规模古籍修复工作，文化部委托国家图书馆制定了《古籍修复技术规范与质量要求》（GB/T 21712—2008），以在统一技术规范的基础上，统一修复质量标准。天一阁结合工作实际，制定了《天一阁博物院古籍修复质量评定标准》，以规范古籍修复工作，进一步提高古籍修复质量。

这些规范的制定，只是为修复质量的评定提供了可参考的标准，但是古籍修复质量的真正保障，依然是专业技术人员技能水平的提高。根据天一阁近年来的工作经验，专业研修是修复人员提升技能的重要途径之一，通过研修与交流，专业人员可以开阔眼界，汲取经验，今后天一阁将继续加强与国内古籍修复单位的联系，力争为每位修复人员提供专业研修和交流的机会，同时继续开展技能比武，每年深入学习一项修复技能，拓展全面修复能力。另一方面，修复人员应规范修复流程，完成修复档案，确保技艺记录完整性、可塑性。

（3）提"名"，让技艺得到更为广泛的传播。

近年来，随着社会对非遗的关注，天一阁也同步加强了修复技艺的宣传力度，但是，目前公众对非物质文化遗产的概念依然较为模糊，也缺乏非遗保护意识。天一阁博物院作为国家一级博物馆，将充分利用自己的公共文化活动空间，将非物质文化遗产保护与社会教育等功能结合，举办展览、沙龙、讲座等主题活动来宣传、推广和传承"天一阁古籍修复技艺"。一是建立非遗数据库。数据库中应录有项目的发展概况、通过录音、录像等方式建立的传承人档案、典型古籍修复案例的影像记录、古籍修复档案等，同时建设可以共享的专题资料数据库，供公众在线阅读；二是建立非遗展示馆，为古籍修复技艺提供展示的平台，直接、直观地向公众宣传普及非遗知识，从而达到教育、启示的目的。展览形式上，需要线上线下同步推进，还可以通过巡展进行"点"式宣传，依托校馆合作平台，将非遗展览输送到学校、社区等进行巡展，扩大影响力。三是委托专业人员拍摄专题片、微电影、视频等影像作品，依托网站、公众号、微博、短视频 App 等现代媒体平台，扩大传播力度。

（4）育"人"，让技艺的薪火代代相承。

"中华古籍保护计划"是一项长期、艰巨、利国利民的国家重大文化工程，而古籍保护人才培养又是这一计划的重点任务和保障措施。在国家"十四五"规划和 2035 年远景目标中，文化遗产保护与利用将成为社会文明程度促进和提升的重要任务和标志之一。无论是时代要求，还是国家战略，都在呼唤古籍保护事业的奋斗者和同行者，天一阁博物院将发挥桥梁纽带作用，依托"天一阁古籍修复技艺"和"国家级古籍修复技艺传习中心天一阁博物馆传习所"，为国家文化遗产的保护、利用与传承做出不懈努力。

一是通过"师带徒"的方式，推进主要传承群体的技艺传承工作。口传身授，引导学徒树立先进修复理念、丰富知识储备、提升实践能力；依托技能比武、岗位练兵、研讨交流等，不断提高传承群体技艺水平。二是每年举办古籍修复培训班，扩大传承群体规模。三是积极推进在社区、学校、企业、军营等建立传习点、传承基地，在宁波地区广泛开展非遗宣传教育，培养公众对"天一阁古籍修复技艺"的兴趣爱好，使项目后继有人，这也是项目保护的长远需要和必然要求。天一阁近年来广泛开展的"小小修复师进校园""国学夏令营"等活动，为小朋友传授古籍修复技艺，寓教于乐，是培养非遗传承人的一个良好的开端，但项目传承保护是一个长期的过程，天一阁将继续做好牵线搭桥工作，使公众继续保持对古籍修复技艺的兴趣，继续学习修复技艺，从而成为一名真正的非遗传承人。

　　目前，天一阁博物院正在筹划新馆建设项目，新建的天一阁纸质文物修复中心集古籍修复、书画装裱、展览展示、非遗传承与培训等功能于一体，将努力成为古籍修复技艺教育、传承、交流的良好平台，为更多同行专家服务，感召更多社会有识之士，抢救修复更多的珍贵典籍，带动更多公众深入了解并受惠于古籍中蕴含的中华优秀传统文化。

附录

[壹] 天一阁古籍修复技艺大事记

明嘉靖年间：范钦建立天一阁藏书楼。

明清两代：藏书和修书活动密不可分。由于历代修复匠人无署名的习惯，且年代久远，明清两代的传承人姓名已无法考证，但修复技艺一直口手相传。

民国时期：严春航在阁内修书。

1949 年：政府公管天一阁，设修书员，蒋连福、柴师傅等也陆续开始专职在阁内修书。

1960 年：洪可尧师承严春航。

1974 年：上海国画院刘益三、上海博物馆黄桂芝等书画装裱专家来馆裱画并传授技术，培养了姚爱娟、王金玉等一批书画装裱人才。

80 年代：王金玉、李大东、施美君、邱丹凤等先后师承洪可尧，传承古籍修复技艺。

1996 年：设立修复小组。

2007 年：成立藏品修复部。

2008 年：建成古籍修复中心实验室。

2009 年：取得国家文物局颁发的"纸质类可移动文物修复资质"证书，成为文化部设立的首批 12 家"国家级古籍修复中心"之一。

2010 年：建成古籍修复、书画装裱工作室。

2015 年：完成联合国教科文组织委托项目《古籍与文书修复导则》；联合国教科文组织在天一阁举办"纸张保护：东亚纸张保护方法和纸张制造传统"项目成果发布会暨展览开幕式和东亚纸质文物保护学术研讨会系列活动。

2016 年：天一阁古籍修复技艺列入"浙江省非物质文化遗产代表性项目"名录。

2017 年：建成古籍修复专用消杀间、修复用纸数据库。

2018 年 3 月：举办"宁波市古籍修复基础培训班（第一期）"

2018 年 12 月：举办"书·技·匠——天一阁古籍修复技艺展"。

2019 年 4 月：举办"全省纸质文物保护修复培训班"。

2019 年 5 月：举办"老范修书记——天一阁古籍修复技艺展"。

2020 年 6 月：批准设立"国家级古籍修复技艺传习中心天一阁博物馆传习所"。

2020 年 12 月：国家级古籍修复技艺传习中心天一阁博物馆传

习所挂牌；谢龙龙、周文斌拜王金玉为师。

2020 年 11 月：《复庄今乐府选》修复项目通过专家验收。

2021 年 3 月：古字画装裱修复技艺列入"宁波市非物质文化遗产代表性项目"名录。

2021 年 5 月：天一阁古籍修复技艺列入"国家级非物质文化遗产代表性项目"名录。

2022 年 8 月：张婧拜王金玉为师；《北曲联珠》修复项目通过专家验收。

2022 年 10 月：承办"第十一期全国古籍修复技术与工作管理研修班"。

[贰] 常见古籍结构图示

	解 释	图 示
古籍图示	书头：书籍上端切口处。 书脚：书籍下端切口处，亦称书根。 书角：书头和书脚右端。 书眼：贯穿全部书叶用以穿线的洞眼。 书签：用作题写书名的长方形纸条，一般贴在古籍书皮左上角。 书背：与书口相对，上下书皮相隔或连接的部分，相当于书籍的厚度，亦称书脊。 书口：与书背相对，可翻叶展阅的开口。 书脑：书芯订捻、缝线以右的部分。 书芯：指书皮以内或未上书皮以前已订在一起的书叶。	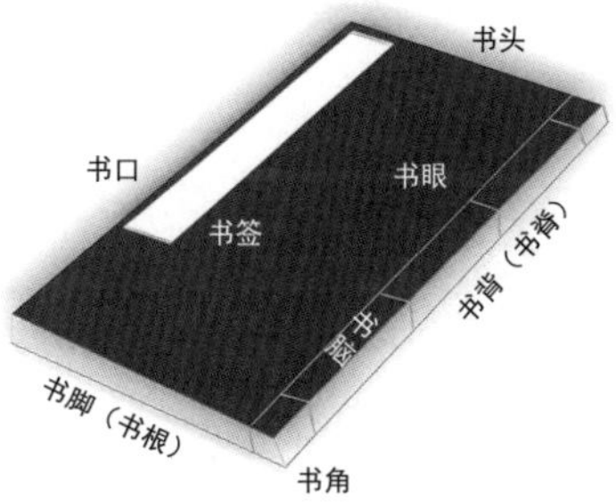 书头 书口 书眼 书签 书脑 书背（书脊） 书脚（书根） 书角
	地脚：图文或板框下方余幅，亦称下脚。 版心：书叶左右对折的正中、在折叶时取作中缝标准的条状行格。 版框：书叶正面图文四边的围栏，一般指印刷的书。 护叶：用以保护书芯或连接书皮，亦称副叶。 书叶：按顺序排列的书写、印制的单张纸叶。	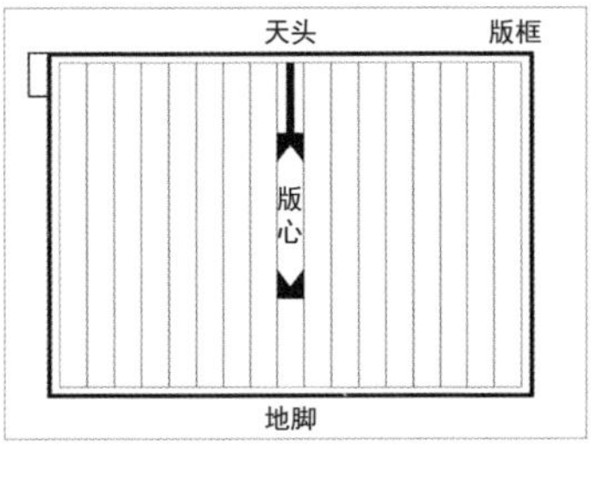 天头　版框 版心 地脚

参考文献

［1］虞浩旭；张爱妮；何伟.宁波文化丛书　第1辑　甬藏书香：宁波藏书文化［M］.宁波：宁波出版社，2014.

［2］骆兆平编纂.天一阁藏书史志［M］.上海：上海古籍出版社，2005.

［3］骆兆平著.天一阁研究丛书　天一阁丛谈［M］.宁波：宁波出版社，2012.

［4］刘帆.黄丕烈古籍修复之修书人研究［J］.中国民族博览，2021，（8）：214—216.

［5］邓晶，龚涛.论明清时期江浙地区私家藏书文化体系的构成［J］.群文天地，2010（3）：104—105.

［6］李姝娟.明代藏书楼"天一阁"的藏书文化及其贡献［J］.兰台世界，2015，（24）：109—110.

［7］虞浩旭.明清浙东藏书大发展原因探析［J］.东南文化，1989（6）：201—202.

［8］饶国庆.四明藏书家冯贞群小记［A］.第一届图书馆史学术研讨会［C］，2006.

［9］袁慧.天一阁与宁波藏书文化［J］.宁波通讯，2006（11）：34—35.

［10］杜伟生著.中国古籍修复与装裱技术图解［M］.北京：中华书局，2003.

［11］王金玉.从天一阁馆藏古籍谈明代书籍的装帧［C］.第三届东亚西亚纸文物保存研讨会论文集，2008.

［12］王金玉.浅谈天一阁藏明代古籍的装帧与修复案例［J］.文物保护与考古科学，2016（2）.

［13］杜伟生.中国传统装裱技术流派浅析［A］.第六届东亚纸张保护学术研讨会［C］，2015.

后记

前不久，习近平总书记对非物质文化遗产保护工作作出重要指示，强调要扎实做好非物质文化遗产的系统性保护，更好满足人民日益增长的精神文化需求，推进文化自信自强。

古籍修复技艺作为守护中华古籍的重要手段，伴随着这些文献典籍穿越朝代更迭、岁月侵蚀，为中华民族留下宝贵的精神财富。

天一阁古籍修复技艺较好地保存了明清江浙一带尤其是宁波地区的古籍修复传统，近年来不断吸收历史学、材料学等科技养分，积累了一整套扎实的古籍修复方法，于2021年列入国家级非物质文化遗产代表性项目。我们试图通过系统的梳理和总结，向大众揭开天一阁古籍修复技艺的神秘面纱，全面展示这一古老的非物质文化遗产的同时，也展现修复师们"终一生，择一事"的匠心之美。

在本书的编著过程中，要特别感谢"天一阁古籍修复技艺"项目代表性传承人、国家级古籍修复技艺传习中心天一阁博物馆传习所导师王金玉女士的帮助和指导。她从事纸质文物修复工作

40余年，不仅将宁波传统古籍修复技艺和书画修复装裱技艺融会贯通，而且将天一阁历代传承的修复技法与现代科学技术及传统审美观念有机融合，积极推动了天一阁古籍修复技艺的传承与发展。

感谢省、市两级的非遗保护专家们对本书出版的辛勤付出，尤其是市非遗保护中心的竺蓉老师，为文稿提供了非常宝贵的意见。

书中若有不当之处，恳请诸位专家、读者批评指正，以求今后的完善！

本书所有图片为天一阁提供。

编著者

2023年1月

图书在版编目（CIP）数据

天一阁古籍修复技艺 / 马灯翠，李洁莹，李贤慧编著 . —— 杭州：浙江古籍出版社，2024.5
（浙江省非物质文化遗产代表作丛书 / 陈广胜总主编）

ISBN 978-7-5540-2570-3

Ⅰ.①宁… Ⅱ.①马… ②李… ③李… Ⅲ.①古籍—修复 Ⅳ.① G253.6

中国国家版本馆 CIP 数据核字 (2023) 第 065082 号

天一阁古籍修复技艺

马灯翠 李洁莹 李贤慧 编著

出版发行	浙江古籍出版社
	（杭州市环城北路177号　电话：0571-85068292）
责任编辑	姚　露
责任校对	吴颖胤
责任印务	楼浩凯
设计制作	浙江新华图文制作有限公司
印　　刷	浙江新华印刷技术有限公司
开　　本	960mm×1270mm 1/32
印　　张	5
字　　数	109千字
版　　次	2024 年 5 月第 1 版
印　　次	2024 年 5 月第 1 次印刷
书　　号	ISBN 978-7-5540-2570-3
定　　价	68.00 元